운명은 외상을 사절한다

2. 직업과 건강

운명은 외상을 사절한다_2. 직업과 건강

초판 1쇄 발행	2014년 1월 27일
초판 2쇄 발행	2019년 7월 10일

지은이	남덕(南德)
펴낸이	김상철
발행처	스타북스
등록번호	제300-2006-00104호
주소	서울특별시 종로구 종로1가 르메이에르 1117호
전화	02) 735-1312
팩스	02) 735-5501
이메일	starbooks22@naver.com
ISBN	978-89-97790-62-3 14180

ⓒ 2019 Starbooks Inc.
Printed in Seoul, Korea

- 잘못 만들어진 책은 본사나 구입하신 서점에서 교환하여 드립니다.
  이 책은 저작권법에 의해 보호를 받는 저작물이므로 무단전재와 무단복제를 금합니다.

- 이 도서의 국립중앙도서관 출판예정도서목록(CIP)은 서지정보유통지원시스템 홈페이지(http://seoji.nl.go.kr)와 국가자료공동목록시스템(http://www.nl.go.kr/kolisnet)에서 이용하실 수 있습니다. (CIP제어번호 : CIP2014001132)

생각대로, 뜻하는 대로
잘 진행되지 않는 것이
우리 인생살이이다.
행복이라는 주머니가 바깥으로
빠져 나간 후에야 자기의 허약한
실체를 보면서 괴로워하는
일이 없어야 할 것이다.

운명은 외상을 사절한다

남덕(南德) 지음

2 직업과 건강

직업과 건강을 알면 성공과 미래가 보인다

남덕 선생이 공개하는
직업 선택의 비결과 운명을 경영하는 슬기와 지혜!

스타북스

들어가는 말

　사람들은 무수히 행복을 추구한다.
　그중에서도 특히 남들보다 건강한 삶을 원하고 자기 적성에 맞으면서 동시에 훌륭한 직업을 선택하기를 원한다.
　그러나 생각대로, 뜻하는 대로 잘 진행되지 않는 것이 우리의 인생살이다. 어떤 사람은 재물은 생각대로 얻어졌는데, 거꾸로 건강이 나빠진 경우도 많다.
　『운명은 외상을 사절한다 - 1권 사주와 운명』을 쓰고 난 후 너무나 많은 전화와 편지를 받았다. 어떤 사람들은 가장 괴로울 때 이 책을 들여다보면 마음이 가라앉는다, 가슴에 와 닿는다는 소식을 보내왔고, 또 어떤 이는 명리학이나 역학에 전혀 관심이 없었는데, 이 책을 읽고 나서 인생관이 변했다고도 했다.
　인간은 누구나 행복할 때는 행복을 느끼지 못한다. 공기 속에 있으면 공기의 고마움을 모르는 것처럼. 남보다 돈이 많고 권세가 강하면 인간은 교만해진다.

 행복이라는 주머니가 밖으로 빠져 나간 후에야, 인간은 누구나 자기의 허약한 실체를 보면서 괴로워한다.
 우주가 인간에게 가장 가깝게 접근한 표시 내지 암호를 우주는 생년월일시를 통하여 인간에게 내보내고 있다.
 필자가 실제로 감정해 본 결과 돈이나 재물은 운이 나쁠 때 무리하게 사업하지 않고 빌딩 임대업을 해서 꼬박꼬박 임대료를 받는 등 관리를 잘하면 그대로 가지고 있으나, 건강은 나쁜 쪽으로 나타났다.
 이것은 아무리 인간이 노력을 한다고 해도 나쁜 것을 근본적으로 아주 좋은 쪽으로 돌이킬 수가 없다는 뜻이다.
 다만, 운동을 한다든지 자기에게 맞는 음식을 섭취한다든지 또는 건강이 좋아지는 쪽으로 자기 최면을 거는 등의 방법을 활용해 조금씩 완화되는 효과를 볼 수는 있다. 그러나 대운이나 세운(世運)에서 들어오는 강력한 우주의 파장을 근본적으로 차단하지는 못한다.
 그래서 때로는 기다려야 하고 어떨 때는 마음을 비우면서 자숙하여야 할 때도 있다.

나는 생년월일시를 통해 우주가 인간에게 내보내는 암호를 알기 쉽게 풀어서 설명하는 해독사 내지는 암호를 통역하는 통역사에 지나지 않는다.

직업의 선택은 누구에게나 아주 중요하다. 설사 운이 좀 나쁘다 하더라도 직업의 선택이 잘되어서 어려운 경지를 무난하게 돌파하는 경우를 수없이 보아 왔다.

물론 건강도 운과 직결되어 있다. 운이 나쁘면 건강은 바로 나빠진다.

운이 좋을 때는 병원에 가서 치료하더라도 치료가 잘되고, 약이 약효 이상으로 효력을 발생한다. 그러나 운이 나쁠 때는 약발이 잘 듣지를 않는다.

인간은 누구나 태어나면서 오장육부를 다 건강하게 갖고 태어난 사람은 없다. 거의가 한두 군데, 많으면 세 군데 이상이 허약한 채로 태어난다.

따라서 허약한 곳에 항시 주의를 기울여야 한다. 예를 들자면 허리가 아픈 사람은 거기에 알맞는 운동을 계속하면서 허리를 보강하는 음식물을 먹어야 하고, 허리가 튼튼하도록 끊임없이 자기최면을 걸어야 한다.

여러 사람으로부터 '직업과 건강'에 관해서 써 달라는 부탁이 여러 번 있었으나 나 자신이 너무 생활에 쫓기다 보니 쓸 엄두를 못 냈었다.

그러나 여러 주위의 선배, 후배들의 감사한 충고가 있었기에 용기를 내어 쓰기 시작했다.

이번에는 누구에게나 가장 중요한 '직업과 건강'을 다루기로 하고 다음번에는 이 방면의 전문가들도 많은 도움을 받을 '간지체성론(干支體性論)'에 관해서 쓰려고 한다.

아무쪼록 이 책을 통해서 고통받고 괴로워하는 당신이 위로를 받고 또한 이 책이 한국 역학이 세계 정상에 우뚝 설 수 있도록 하는 촉매제로써 널리 활용되길 바라는 마음 간절하다.

부디 당신의 잠자는 영혼을 깨우길 바란다.

2014년 1월
한강이 바라다보이는 여의도 寓居에서 남덕

차
례

들어가는 말 006

🐎 직업과 적성은 이래서 중요하다

지도자의 그릇이 아닌 참모의 사주인 경우 016
용(龍)이 될 사람이 허송세월하는 경우 019
자신의 운에 맞지 않는 직업을 선택한 경우 021
연예인의 길을 선택해서 성공한 유동근 023
연예계가 적성에 너무 잘 맞는 인기 배우 장동건 026
머리 회전이 빠르며 다재다능한 방송인 김원희 028

🐎 제1부 직업과 적성

직업과 적성 033 | 교육계 039 | 언론계 044 | 문예계 045 | 가요계 046 | 무용계 047 | 연예계 048 | 법정계 050 | 재정계 057 | 정치·외교계 062 | 의약계 066 | 군인 및 경찰 073 | 과학 및 기술계 078 | 사업가 082 | 운수업계 087 | 종교 계통 090 | 역학계 096 | 기생 팔자 103

제2부 건강과 질병

건강과 질병 *111* | 신경정신과 *125* | 안과 *128* | 이비인후과 *131* |
치과 *133* | 기관지 및 폐 *135* | 심장 및 혈압 *138* | 간 *142* | 위장병 *145* | 피부·비뇨기과 *148* | 자궁 *153* | 풍질 및 수족 이상 *159*
각 질병에 효능이 있는 음식 *164*
질병에 맞는 야채별 효능 *168*

제3부 병은 자신이 고친다

행복과 불행은 수시로 교체된다 *173*
기(氣)·명상 훈련은 건강에 아주 좋다 *178*
진정한 휴가는 단식하는 것 *187*
신토불이란 진짜 맞는 이야기인가? *194*
사주가 신약한 사람이 따라야 할 법 *199*
임응승 신부님과 정신세계 *202*
운이 나쁠 때는 화장이 받지 않는다 *212*
사주가 좋은 사람은 건강하고 여유가 있다 *215*
조기교육은 패륜아를 양산한다 *219*
궁합에 있어서 가장 중요한 점 *224*
강원용 목사님과의 만남 *234*
한의사이든 양의사이든 무조건 역학 공부를 해야 한다 *240*
이름과 아호(雅號)는 건강 및 운명과 직접 관계가 있다 *246*
몸의 병은 자기 자신이 고치는 것이다 *255*
나이가 들수록 덕담을 해야 건강이 좋아진다 *269*

직업과 적성은 이래서 중요하다

누구에게나 직업의 선택은 가장 중요한 선택이면서 이 선택을 잘하지 못하면 일생을 후회 속에서 보내게 된다.

우선, 직업의 선택에서 가장 중요한 것이 관리 능력의 유무이다.

그다음은 대운(大運, 10년마다 누구나 바뀌는 운)이 좋으냐 아니면 나쁘냐의 차이이다. 관리 능력이 뛰어나더라도 대운이 안 좋으면 독립해서 사업하지 못하고 직장 생활로 만족하여야 한다.

이때 만약 독립해서 사업한다면 100% 부도가 나기 때문이다. 돈만 부도나는 것이 아니고 가정까지 파탄나기 때문에 극구 사업을 말리고 싶다.

관리 능력이 있고 대운이 좋으면 세상의 모든 조직을 자기편에 서서 관리 통제하며, 자기한테 유리하게 모든 상황을 끌고 갈 수 있기 때문에 자기의 분야에서 성공하게 된다.

타고나면서 관리 능력이 있고 대운이 좋으면 법의 지배를 받는 것이 아니라, 자기 자신이 법을 마음대로 부릴 수 있는 것이다.

따라서 관리 능력이 있고 대운이 좋은 사람은 남의 지배를 받지 않고 자기 자신이 남을 지배할 수 있는 입장이 된다.

사업가라면 자기 자신이 남을 고용해서 회사의 사장이나 회장이 되므로써 세상의 모든 법과 질서를 자기 자신이 창조하고 컨트롤 하면서 살아가게 된다.

그러므로 직업에서 가장 중요한 것이 남을 지배하느냐, 아니면 남의 지배를 받고 살아야 하느냐를 빨리 판단하는 일이다.

남의 지배를 받고 살아야 할 사람이 남을 지배하려고 할 때 사업가는 부도가 날 것이요, 정치인은 위법 행위를 함으로써 형무소 생활을 경험해야 하는 것이다.

다시 말하면, 직장 생활을 해야 할 사람이 독립을 하면 그것은 괘도 이탈이 되기 때문에 자기 자신의 인생을 망치는 것은 물론이고 주위에까지 피해를 주고 만다.

어떤 사주는 일생 동안 직장 생활을 해야 하는 특수 사주가 있다. 이런 경우에는 설사 운이 좋다고 하더라도 독립해서 자영업을 하는 경우에는 일이 잘 풀리지가 않는다.

그 반대로 사업가의 그릇으로써 운이 좋은 경우에 직장 생활로 만족한다면 허송세월을 보내게 된다. 이런 사람은 자기의 좋은 운을 사업주에게 헌납하는 결과를 가져온다.

따라서 가장 중요한 것은 남을 지배하면서 독립할 수 있느냐, 아니면 남의 밑에서 보좌역으로 일생을 만족해야 하는지를 빨리 판단해야 한다. 그 판단을 할 수 있는 유일한 데이터가 각자가 태어날 때의 생년월일시이다. 즉 각자의 사주를 통해서 자기의 그릇을 빨리 판단해야 한다.

그 다음 독립해서 남을 지배할 수 있는 위치에 적합하다면, 어떤 업종을 선택하는 것이 좋은가를 결정해야 한다. 물론 각자의 운에서도 그것을 찾아야 하겠지만, 시대의 운과도 비교 검토를 하여야 한다.

시대의 운이란 앞으로 닥쳐올 시대와 맞는가도 따져 보라는 이야기이다. 어떤 사람의 경우에는 직업 선택을 잘못하여 일생을 허송세월하는 경우도 허다하다.

여기에 직업 선택에 있어서의 재미있는 실례를 들어 보려고 한다. 독자들이 살아가는 데 좋은 참고가 되기 바란다.

❖ 지도자의 그릇이 아닌 참모의 사주인 경우

필자가 한준오^(가명) 씨를 처음 만난 때는 2008년이었다.

그때 한준오 씨는 41세의 나이로 철근 유통업을 경영하고 있었다. 고려 대학교 정외과를 나와 언론계에 종사하다가 35세에 독립해서 직원 8명을 데리고 회사의 사장이 되었다.

처음 시작할 때는 언론계에서 쌓았던 인간관계로 1년 정도 그럭저럭 회사를 꾸려 갈 수 있었다. 그러나 회사를 경영한 지 2년째로 접어들면서 처음 시작할 때 친구들에게서 빌렸던 창업 자금은 점점 고갈되어 갔다.

3년째부터는 할 수 없이 처갓집을 저당잡아 은행에서 돈을 융통해서 운영했으나, 젊은 패기에 너무 사업을 확장한 결과 자금의 순환이 원활치 못해서 상당히 고전하게 되었다.

거기다가 철근 경기가 처음 시작할 때보다 점점 하락하기 시작했다. 이렇게 사면초가에 몰리자 잠을 제대로 못 이루고 고민하기 시작했다.

이때 딱한 사정을 전해 들은 한준오 씨의 초등학교 동기이자 필자와는 자주 왕래하는 한준오 씨의 친한 친구가 전화번호를 가르쳐 주어 필자와 만나게 되었다.

한준오 씨를 처음 만났을때 필자의 첫마디는 이러했다.

"한준오 씨 왜 쓸데없이 사서 고생하십니까?"
하니 한준오 씨는 앞으로 어떻게 했으면 좋겠는가를 물어 왔다. 필자가 "사업을 정리하시고 다시 좋은 직장에 취직하십시오" 하자 지금 회사의 빚이 많아서 도저히 정리를 할 수 없다고 대답했다.

필자는 "이 상태로 회사를 끌고 가면 2013년에 부도가 나게 됩니다. 지금 이 시기를 놓치면 일생 후회하게 됩니다"라고 답했다.

필자의 간곡한 설득에 한준오 씨도 회사를 정리하기로 결정했다. 2달 후에 다른 사람에게 회사를 인계했는데, 그때 돈으로 5천만 원의 빚을 한준오 씨가 떠안기로 하고 그 대신 처갓집의 담보를 인수자가 해제해 주기로 합의했다.

해제된 처갓집을 다시 은행에 저당잡혀서 5천만 원의 빚을 다 청산하고, 은행에 적금을 넣어서 원금의 일부와 이자로 한 달에 100만 원씩 은행에 갚기로 했다.

한준오 씨는 모 재벌 기업체의 영업 부장으로 취직했다. 그리고 한준오 씨의 부인이 보험회사의 외판원으로 열심히 일한 결과, 천만 원 정도밖에 빚이 남지 않게 되었다. 최근에 필자에게 전화가 왔는데 영업 이사로 진급했다는 반가운 소식이었다.

지금까지 한준오 씨가 취직을 하지 않고 그대로 사업을 계속했다면, 가정이 풍비박산이 나는 것은 물론이요, 본인은 도망 다니거나 형무소 생활을 겪어야 했을 것이다.

한마디로 한사장은 참모의 그릇이지 지도자의 그릇이 아니었고

더구나 대운도 그렇게 좋지 않았다.

  패기만 가지고 사업이 이루어지는 것은 아니다. 각자가 가지고 있는 그릇과 앞날의 운을 참고해서 신중한 결정을 해야, 훗날에 후회 없는 인생을 살아갈 수가 있는 것이다.

  이처럼 직업의 선택은 각자의 인생행로에 엄청나게 상반된 결과를 가져다 준다.

❖ 용龍이 될 사람이 허송세월하는 경우

　김명식(가명) 씨는 경기고, 서울 법대를 나온 자타가 공인하는 실력파로서 S그룹 기획 조정실의 해외 담당 부장으로 근무하고 있었다. 그런 그가 새로 태어난 둘째 아들의 이름을 짓기 위하여 필자를 방문한 적이 있었다.
　이때 자연스럽게 가족의 사주를 필자에게 제시하고 가족 전체의 운은 어떤지, 문제점은 없는지를 문의해 왔다.
　"다른 식구는 다 괜찮은데, 김 부장 당신한테 크게 문제가 발생하고 있네요"라고 대답해 줬더니 얼굴색이 금방 바뀌면서 도대체 무슨 일이냐고 물었다.
　필자가 "당신은 지금 허송세월을 보내고 있습니다" 하니 김 부장은 이해할 수 없다는 듯한 표정을 짓고 나를 바라보았다.
　그러더니 필자에게 이런 말을 했다.
　"가정에서도 성실한 남편, 인자한 아버지로 대접받고 있고 회사에서도 해외에 큰일이 일어나면 회장님이 직접 저를 찾습니다. 또한 젊은 나이에 32평 아파트와 서울 근교에 2천 평의 땅도 가지고 있어 경제적으로도 걱정이 없습니다. 그런데 남덕 선생님은 저보고 허송세월을 보내고 있다니 도대체 이해가 안 갑니다."
　이렇게 자신의 입장을 설명하는 그에게 필자는 차근차근 그 뜻을 이야기하기 시작했다.

"당신의 나이 지금 38세입니다. 당신이 돈을 모으기 시작한 해가 33세부터입니다. 그러니까 5년 전부터입니다. 쉬운 말로 표현하면 33세부터 당신의 일생 동안의 운의 흐름이 바뀌어 들어왔습니다. 당신은 33세부터 63세까지 30년의 좋은 운이 들어와 있습니다.

여기서 좋은 운이란 사업을 할 수 있는 운이고, 재물이 산같이 쌓이는 운입니다. 33세 때 사업을 시작했다면 지금쯤은 버젓한 회사 하나 정도는 가지고 있을 겁니다. 그러니까 5년을 허송세월한 셈입니다."

그렇게 차분하게 설명해 줬더니 그때서야 얼굴이 환해지면서 필자의 말뜻을 알겠다고 고개를 끄덕끄덕하였다.

그 후로 김명식 씨는 독립해서 정보 통신 관계의 회사를 차리고 미국, 일본에 지사까지 두고 활발하게 사업을 하고 있다.

이 상태로 가면 10년 안에 정보 통신 업계에서 이름 있는 소재벌로 확고한 위치를 차지하게 될 것이다.

미꾸라지가 용이 됐으니 무엇을 부러워하랴.

❖ 자신의 운에 맞지 않는 직업을 선택한 경우

1994년 양력 3월경이라고 기억된다.

부산에서 진영배(가명) 사장이 필자와 면담하기 위해서 사무실에 온 일이 있다. 그의 사주를 보니 신왕재왕(身旺財旺) 사주로서 나무랄 데가 없었고 대운도 그런대로 괜찮았다. 다만 연운(年運)이 조금 약했다.

처음 사무실에 들어설 때부터 살아가는 데 애로사항이 있는 것처럼 얼굴에 수심이 가득했다.

부도날 운도 아닌데 왜 그리 얼굴에 수심이 가득하냐고 필자가 물어본즉 진영배 사장의 이야기는 이러했다. 그는 부산에서 현재 수산업을 경영하고 있는데 계속 어획량이 감소하고, 데리고 있는 직원 부리기가 힘들어서 도저히 밀고 나갈 기분이 아니라고 설명해 왔다.

나는 진 사장의 사주를 찬찬히 뜯어보기 시작했다.

수(水) 일주(日主)로서 수기(水氣)가 화기(火氣)에 비해서 너무 많았다. 그래서 수산업을 선택했구나 하고 즉각 이해가 갔다.

그러나 이 사주에는 화기가 절대적으로 필요했고, 더구나 수기를 제거할 수 있는 술토(戌土)가 절실히 필요했다. 또한 술토는 진 사장에게는 재고(財庫, 돈 창고)에도 해당이 되었다.

그래서 필자는 술토와 맞는 건축업으로 업종 변경을 할 의사가 없느냐고 물어봤다. 진 사장은 건축업에 대한 전문 지식이 없어서 어떻게 그 충고를 받아들여야 할지 막막하다고 대답했다.

필자는 수산업을 차츰 정리하고 처음에는 간단한 집을 지어서 판매하는 식으로부터 시작하라고 권유했다.

진 사장의 부인 사주를 보니 역시 건축업과 잘 맞고 나름대로 운도 있었다. 그래서 우선 그 아내가 적극적으로 집을 지어서 판매하고 진 사장은 뒷돈을 조달하여 사업을 공동으로 운영하는 것으로 하라고 권유했다.

결국 1년 후에 진 사장은 수산 관계를 사촌 형에게 전부 인계하고 전문적으로 건축업계에 뛰어들어서 열심히 경영을 하고 있다.

지금은 종합 면허를 가진 회사로써 2013년에 남들이 다 어렵다고 하는 건설업을 무난히 끌고 갔다.

필자가 그때 충고하기를 2013년에는 100% 틀림없는 것 아니고는 손대지 말고, 일거리가 없을 때는 쉬는 것이 돈 버는 것이라고 충고를 했었다. 무리한 경영을 하지 말라는 이야기였다.

고맙게도 진 사장은 필자의 충고를 100% 이행한 것 같다. 2014년 이후에는 계속 회사가 확장될 것이며 안정 궤도를 유지할 것이다.

진 사장은 아직 20년의 대운이 남아 있다. 앞으로도 진 사장의 회사는 규모가 큰 건실한 건설업체로 성장을 거듭할 것이다.

❖ 연예인의 길을 선택해서 성공한 유동근

丁酉年 丁未月 戊子日 丁巳時
정유년 정미월 무자일 정사시

신왕재왕(身旺財旺) 사주이다.

몸도 건강하고 기획력, 결단력, 인내력이 비교적 강하며, 재산을 관리하는 관리 능력이 뛰어나다.

그러나 모험은 하지 않으며 틀림없는 일 아니면 손대지 않는다. 성격은 전형적인 보수주의자이다.

부모와 인연이 없으며, 형제와도 인연이 없고, 고향을 떠나 살아야 한다. 비교적 처(妻)의 말은 잘 듣는 편이다.

돈을 벌더라도 돈놀이는 하면 안 된다. 계속 재미 보다가 한 번의 실수로 모든 재산이 날아갈 가능성이 많기 때문이다.

무엇인가 시동(始動)은 되었으나 그 형체가 보이지 않으니 꿍꿍이 속이 많겠고, 고집이 강하다 하나 계산된 고집이기 때문에 상대방과 타협하기 쉬우며, 동서남북에 아름다운 미인이 대기하고 있으니 여자를 조심해야 한다.

형제가 있다 하나 고독하고 탈재가 많다.

귀인(貴人)은 항상 서북(西北)에 있다.

마른 땅에 물이 고인다는 철학을 갖고 있어 돈에는 비교적 인색한 편이다.

건강은 신장, 방광, 폐, 기관지, 대장을 항시 조심하여야 한다. 몸이 아플 때는 집으로부터 서북쪽에 있는 약국이나 병원에 가야 치료가 잘되며 주인의 성이 하(河) 씨, 홍(洪) 씨이면 더욱 틀림없다.

그의 나이 36세이면 1992년에 해당되는데 36세부터 41세까지 거의 대부분의 사람들이 세상 사는 일에 재미를 보지 못한 데 비하여 유동근 씨는 착실하게 돈을 모으는 것으로 나타난다.

2014년과 2015년은 굉장히 바쁜 2년이지만 바쁜 것에 비하여 실속이 별로 없다.

이때 주의하여야 할 것은 경쟁자로부터 쓸데없는 모략과 모함을 받으니 무리한 경쟁은 피하는 것이 좋다.

보증을 서면 다 책임져야 하니 될 수 있으면 보증은 피하고, 문서에 도장을 잘못 찍으면 관재(官災)가 발생하니 상대방과 계약할 때 신중에 신중을 기할 것이다. 부모 때문에도 애를 먹게 된다.

그러나 더 좋은 운이 60세부터 기다리고 있으니 23년의 재물 운이 들어오게 된다. 이때에는 과감히 사업계로 뛰어드는 것도 한 방법이 될 듯하다.

구체적으로 지적하면 2016년 병신년(丙申年, 나이 60세), 2017년 정유년(丁酉年, 나이 61세)부터 사업을 시작하면 황금을 갈고리로 끌어들인다. 큰돈을 모을 수 있다는 뜻이다.

사업의 종류는 식품 관계, 무역 등을 취급하면 말년에 대성하게 된다.

만약 유동근 씨가 젊은 시절에 인기 탤런트가 아니고 사업을 하였다면 어찌 되었을까? 아마도 자금이 잘 돌지 않아서 굉장히 어려운 처지를 당했을 것이다.

이와 같이 직업의 선택은 그 사람의 행과 불행을 좌우하며, 직업 역시 시간에 따라서 변화함을 알 수 있다.

❖ 연예계가 적성에 너무 잘 맞는 인기 배우 장동건

壬子年 癸卯月 丁酉日 壬寅時
임자년 계묘월 정유일 임인시

장동건 씨는 부모와 인연이 없고 형제와도 인연이 약하다. 아버지와 어머니도 사이가 별로 안 좋은 것으로 나와 있다.

잘생긴 얼굴에 말을 아주 잘하고 간사하지 않으며 학문에도 열중하는 편이다.

건강은 심장과 폐, 대장이 허약하며 안경을 써야 하겠다. 그리고 과로하면 간과 담이 약해질 가능성이 많으니 항시 채식을 위주로 하고, 현미 식초 등을 복용하면 회복이 빠를 것이다.

1998년 이전에 이미 유명 연예인으로 등장했다 하나 모아 놓은 재산은 별로 많지 않은 것으로 나와 있다.

그러나 2002년부터 그의 인생이 달라지기 시작한다. 2002년부터 좋은 기운이 그의 몸에 들어오기 시작하여 건강이 현저하게 좋아지면서 돈을 착실하게 저축하게 된다.

그러나 본격적으로 큰 운은 그의 나이 31세부터 들어와 여기서 20년 동안 한국 연예계를 주름잡는 대스타로 성장하게 된다.

그리고 재물도 빠른 속도로 축적이 된다.

계속 연예계에서 활동해야지, 돈 좀 벌었다고 사업을 시작하면 그때는 원점으로 회귀하니 한눈팔지 않기 바란다.

처덕은 좋아 미인과 인연이 있으나 여자를 조심하지 않으면 첩승어처(妾勝於妻)의 팔자가 된다. 첩승어처는 첩이 본처를 밀고 들어와 살게 된다는 뜻이다. 따라서 필히 여자 조심을 해야 한다.

50세 이후에는 그전의 기반으로 일생을 무난하게 보내게 된다.

다시 말하지만 사업은 하지 말고 특히 영화 제작에 손을 대서는 안되며, 안전한 금융 쪽에 투자해야 말년이 편해진다.

장동건 씨야말로 누구보다도 연예계에 잘 뛰어들었다. 다시 말하면 직업 선택이 잘된 전형적인 연예인 사주이다.

특히 2014년과 2015년은 그에게는 아주 좋은 운이기에 큰 활약이 기대된다.

❖ 머리 회전이 빠르며 다재다능한 방송인 김원희

壬子年 丁未月 辛亥日 庚寅時
임자년 정미월 신해일 경인시

부모님과는 서로 사이가 좋으며 형제와도 왕래가 많다.

어릴 때 꿈이 그대로 이어지며 그 꿈이 일생을 지배한다. 즉 돈을 벌겠다는 생각이 일생을 끌고 가게 된다.

얼굴은 길면서도 미모를 갖추었고 선각지명에 암기력이 좋아 두독석용(斗讀石用)으로 만인의 칭찬이 자자하다. 두독석용이란 배운 것을 300% 이상 활용한다는 뜻이다.

김원희 씨와 이야기해 보면 답답하지 않고 속이 확 터진 느낌을 받는다.

인정에는 약하지만 반항 의식이 잠재되어 있어 매도 무서워하지 않는다.

김원희 씨는 과감하게 모험도 할 수 있고 꼭 써야 할 때면 돈도 아끼지 않고 쓰는 비교적 스케일이 큰 사람에 속한다.

말을 아주 잘하고 머리 회전이 매우 빠르기 때문에 남들이 보면 무당이 아닌가 생각하는 사람도 있을 정도다.

건강은 폐, 대장, 기관지가 약하다. 특히 과음은 금물이며 술을 많이 먹으면 말년에 고생하게 된다. 결혼하면 자연유산이 두려우니 각별히 주의하기 바란다.

　사업을 한다면 식품 가공, 무역, 생산업 등에서 성공하는데 그의 나이 34세 이후에나 가능하다.

1992년부터 1997년까지 6년 동안은 겉만 번지르르하지 실속이 없었다.

그러나 1998년부터 6년 동안 운이 좋으면서 일생의 기반을 구축하게 된다. 이때는 생각 외로 돈이 모아지고 무엇이든지 결심하면 그대로 일이 잘 풀려진다.

33세까지 연예계 생활을 하다가 34세에 독립해서 사업계에 투신하면 54세까지 엄청난 재물을 모으게 된다. 이때는 투자하면 할수록 큰돈이 모아지고, 두사한 돈은 좋은 결실이 된다. 특히 아랫사람들이 도와 줌으로써 일이 쉽게 풀린다.

34세 전까지는 그대로 연예계에서 활동하여야 한다. 만약 그전에 사업계에 뛰어들면 사서 고생을 하였을 것이다.

43세인 2014년 갑오년(甲午年)부터 54세까지 11년의 좋은 운이 그를 기다리고 있다. 이때를 잘 활용하면 말년을 편하게 보낼 수 있다.

　연예계에 그대로 있든 아니면 사업을 하든, 어떤 선택을 해도 관계없다. 또한 부업을 하더라도 히트 칠 수 있는 여건을 충분히 갖추고 있다.

[제1부]

직업과 적성

직업과 적성

우리가 생활하는 데 필요한 직업을 옛날에는 토목, 농업, 공업, 상업 등 정도로 간편하게 분류하였으나, 현재는 사회가 다양하게 발달함으로 말미암아 여러 가지 직업이 많아지고 또한 세분화되어 있으며 앞으로도 더 많은 직업이 생겨날 것이다.

그러나 이러한 다양한 직업도 알고 보면 결국은 오행(五行)과 육친(六親)의 범주를 벗어나지 못하고 있다.

사람들이 평생을 사는 동안 한 가지의 직업에 만족하여 줄곧 하나의 직업을 가진 사람이 있는가 하면, 또 헤아릴 수도 없이 많은 직업을 전전하면서 허송세월만 하는 사람도 있다.

또한 자기가 하고 싶어서 하는 직업이 있는가 하면 하기 싫으나 어쩔 수 없이 주위의 사정에 의하여 가져야 하는 직업도 있으니, 어쨌든 이 모두가 각자의 운명과 연결되어 있다.

한편 직업은 선천적인 것과 후천적인 것으로 크게 나눌 수 있는데, 선천적인 것은 자기가 가지고 있는 사주 안에 형성된 여건 때문에 만들어진 직업을 말한다.

예를 들면 자기의 사주 안에 목(木)이 많으면 목에 관한 직업을 가지게 되며, 화(火)가 많으면 화에 관한 직업에 종사하게 되는 경우에 해당된다.

또 후천적인 것은 대운에 의하여 작용되는 것을 말한다.

예를 들면 본 사주에는 목이 없으나 대운에서 목이 들어옴으로써 목의 직업을 가지게 되는 경우가 여기에 해당된다.

현대는 과학과 문화가 옛날에 비하여 엄청나게 발달됐다고 하나, 우리는 직업을 결정할 때 각자의 지능지수에 의하여 결정되는 경우를 흔히 경험하고 있다. 이런 지능지수에 의하여 결정되는 경우 거의 두뇌 활용에 의한 경우가 많다.

그러나 필자가 보기에는 직업을 성격, 타고난 건강, 능력 그리고 앞으로 오는 대운의 변화까지 감안하여 결정하고, 또한 직업을 그러한 다각적인 면에 연결해서 결정하는 것이 합리적이라고 할 수 있다.

사주에서 추리하는 직업은 바로 각자의 건강, 기본 성격, 남과 비교할 수 있는 능력, 앞으로 닥쳐올 각자의 운명과 대비하여 결정하고 있으니 사주에 나타난 각자의 직업 추리가 합리적이고 또한 현실적이란 것을 우리는 알 수 있다.

따라서 사주를 통한 직업 선택은 우리가 사회생활을 하는 데 필요 불가분한 일이라 할 수 있다.

따라서 국가에서는 이러한 역학의 원리를 이용하여 어렸을 때부터 각 개인의 적성을 알아내어 거기에 필요한 교육에 임한다면 현재처럼 대학까지 와서도 내가 무엇을 하여야 할 것인지조차 몰라 방황하는 폐단은 생기지 않을 것이다.

또한 이러한 적성 교육은 교육의 연한을 단축시킬 수 있어서 전체적으로 국익에 이바지함은 물론, 부강한 나라가 되게 하는데 결정적인 역할까지 할 수 있다.

세상을 살아가는 데 노력도 중요하지만, 우선적으로 적성이 중요하므로 각자가 타고난 소질을 개발하는 일에 주력하여 삶을 추구하고 그 속에서 행복을 찾아야 한다. 그렇지 못하다면 궤도를 벗어난 차와 같아 되는 일이 없을 뿐더러 주위 사람한테도 피해를 주게 된다.

사주에 있어서 직업 분류는 세 가지로 나눌 수 있다.

첫째, 일주(日主)의 오행과 월주(月柱)와 대조하여 결정된다. 일주는 모든 행동의 주인공 즉 나를 말함이고, 월주는 부모님의 자리를 이야기함이니, 부모님과 나와의 관계가 여기에 잘 나타나 있다.

예를 들어 인수(印綬)가 월주에 있으면 학자의 집안이거나, 부모님이 공부할 때 내가 출생하였으며 월주에 견겁(肩劫)이 있으면 부모님 대에 재산이 감소하며 월주에 상관(傷官)이 있으면 부모님 대에 패업(敗業)하며 월주에 식신(食神)이 있으면 부모님 대에 옷과 밥이 풍부하고, 기술과 예술의 가문이요, 월주에 재성(財星)이 있으면 부모님 대에 사업가나 재정계(財政界)의 집안이고, 월주에 관성(官星)이 있으면 부모님이 공직 생활할 때 내가 출생한 걸로 본다.

누구든지 부모님의 영향을 많이 받고 자라나기 때문에 나와 부모님과의 관계가 나의 앞날의 직업을 결정하는 데 지대한 영향을 미치는 것이다. 그러므로 어떤 환경에서 자라났는가에 따라서 각자의 직업이 결정된다고 봐야 한다.

둘째, 주중(柱中)의 왕자(旺者)로 직업이 많이 결정된다.

예를 들어 자기의 사주에 수(水)가 많으면 태어나면서부터 수의 영향을 많이 받으며, 또한 거기에 적응하게끔 환경이 만들어진다. 따라서 자기의 사주에 수가 많다면 수(水)에 해당되는 직업을 가지는 사람이 많게 된다.

셋째, 사주에 균형을 유지하는 데 필요한 것이 직업이 된다.

예를 들면 어떤 사람이 5월에 태어나서 화기(火氣)가 많은 관계로 서늘한 금기(金氣)나 수기(水氣)가 필요한 경우, 금(金)이나 수(水)에 해당되는 직업을 갖게 된다.

그 이유는 이러한 직업 자체가 오행의 균형을 맞추는 데 도움이 되므로, 자기 몸이 편안해짐과 동시에 일의 능률도 그만치 향상되기 때문이다.

이어서 오행과 육친에 해당되는 적성을 기재한다.

◆ 오행(五行)의 적성

목(木)에 해당되는 직업

교육, 의사, 출판, 문화, 통신, 목재, 섬유, 지물(紙物), 육림(育林), 약초, 악기, 기예, 가구, 목각, 인장(印章), 문방구, 죽세공, 의류, 농장, 건축, 토목, 건자재, 분식, 이용(理容), 편물(編物), 양재(洋裁)

화(火)에 해당되는 직업

화공, 유류, 화학, 전기, 전자, 항공, 과학기술, 화학섬유, 약품, 미용계, 피혁, 언론, 교육

토(土)에 해당되는 직업

농산물, 부동산, 토건, 토산품, 종교, 철학, 소개업

금(金)에 해당되는 직업

철강, 운수, 조선(造船), 중공업, 경공업, 금은세공, 광산, 제련, 기계, 공구, 기술자, 철물, 군인, 경찰

수(水)에 해당되는 직업

수산물, 양식업, 식품, 주류, 해운업, 냉동업, 빙과류, 상하수도, 다방, 유흥업, 여관, 수영장, 법관, 무역업, 해저 개발

◈ **육친(六親)의 적성**

인수(印綬)와 견겁(肩劫)에 해당되는 직업

교육, 학원, 육영사업, 문화 사업, 언론계, 출판계, 주택업, 의류업, 정치, 통역, 번역, 대서업, 서점, 예술, 행정직, 문방구, 보석 취급, 복사업, 가구, 창고업, 골동품 취급, 서예, 종교

상식(傷食)에 해당되는 직업

교육, 육영사업, 학원, 기술, 예능, 응용, 가공, 생산, 투기, 종교, 감독(監督), 밀수, 도박, 포주, 유모, 보모, 기생, 식모

재성(財星)에 해당되는 직업

경제, 재정, 세무사, 계리사, 회계사, 부동산, 경리직, 관리직, 일반 업체, 식품, 음식물, 고리대금업, 전당포, 투기, 밀수

관성(官星)에 해당되는 직업

행정관, 일반 사무직, 별정직, 법관, 군인, 경찰, 형무관, 고용인, 임시직, 공무원

교육계

 교육계라 함은 교육 계통은 물론이지만 넓게 보아서 언론계, 문예계, 가요계, 무용계, 연예계도 국민들에게 여러 가지 교육적인 영향을 끼치므로 통틀어서 교육계라 칭하고 있다.

1. 월지(月支)에 인수(印綬)가 있거나
　사주에 인수가 2개 이상 있거나
　또는 인수가 그 사주에서 필요한 자

 본래 인수는 공부에 해당하는 학문이다. 학원, 학교로 통하며 교육과 직결되는데 월에 인수가 있으면 교육이 집안이다, 교육과 관계되는 요소를 가장 강하게 가지고 출생되었기 때문이다.
 그리고 인수를 2개 이상 가지고 있는 자는 사주에 인수가 많으니 보는 게 학문이요 책이며, 학교가 되어서이다. 인수가 필요한 자는 학문을 따라 생활하게 되어 있기 때문에 교육자가 된다.

 己巳年 丙寅月 丁未日 乙巳時
기사년 병인월 정미일 을사시

　정화(丁火) 일주(日主)가 월지(月支)에서 인수를 만나고 또한 교육자에 해당되는 화(火)가 많아 초등학교 선생님이 되었다. 이 사주에는 목화(木火)밖에 없으므로 목화 패턴으로 나가는 팔자인데 목화 운에 모든 일이 잘 풀려진다.
　이 사주의 흠은 금(金)이나 관(官)이 보이지 않는 것이다. 따라서 강의할 때는 펼쳐만 놓았지 마무리를 하지 못한다. 자기 자랑만 하다가 강의를 끝마치기가 일쑤이다.
　다만 많은 화(火) 때문에 학생들을 웃겨 주고 재미있게 하는 데는 일가견이 있다. 미토(未土)가 화 일주의 인수 고장(庫藏)에 해당되기 때문에 이 사람이 좋아하는 과목은 윤리 과목이나 종교학, 철학, 한문, 중국어와 연결된다.
　월상(月上)의 비견겁에 다 빼앗기는 팔자이므로 하급 교육자에 해당된다.

2. 월지(月支)에 상식(傷食)이 있거나
   사주에 상식이 2개 이상 있거나
   또는 상식이 그 사주에서 필요한 자

상식은 아생자(我生者)이다. 학생이요, 설교로써 가르치는 것으로도 해당한다. 월지에 상식이 있다 함은 학생과 함께 생활하게끔 선천적으로 태어났기 때문이다.

또한 상식을 2개 이상 가지고 있는 자는 앞뒤를 둘러보아도 보이는 것은 학생뿐이기 때문에 자연스럽게 학생과 생활을 하게 되며, 상식이 필요한 자는 학생이 필요하여 학생을 가까이하기 때문에 교육자가 될 수밖에 없다.

 戊辰年 辛酉月 己巳日 庚午時
무진년 신유월 기사일 경오시

월주(月柱)에 신유(辛酉)가 있어서 식신격(食神格)으로써 교육자가 된 사람이다. 사오(巳午)가 필요한 팔자로 따라서 식신용인격(食神用印格)에 해당된다.

그런데 여기서 가장 강하게 나타나는 것이 금국(金局)이다. 금국은 제자를 가르치므로 가르치는 선생님보다 제자들이 앞으로 크게 출세하는 팔자이다. 또한 사(巳)가 유(酉)와 합해져서 금국이 되므로 배운 즉시 응용하는 팔자에도 해당된다.

본인은 완벽하게 강의를 하려고 하지만 강력한 금국 때문에 자기도 모르게 실수할 때가 많다. 이것은 신약(身弱)이기 때문이다.

기사(己巳) 대신 기미(己未)라면 완벽하게 강의할 수 있다. 또한 상식이 강하기 때문에 강의에서 거짓을 말하거나 과장이 많다. 그러나 표현력이 좋기 때문에 학생들의 이해력은 아주 월등하다.

관성(官星)과 재성(財星)이 없기 때문에 출세욕과 재물욕이 없다. 오직 제자를 가르치는 데 전념하는 팔자이다. 이런 사람이 참 교육자이다.

3. 목화(木火) 일주가 목화를 많이 가지고 있을 때

목(木)은 인(仁)으로 교육의 근본에 해당되고 화(火)는 예의로써 설단생금(舌端生金)으로 말을 하는 직업, 즉 교육자에 해당된다.

또 목(木)은 목생화(木生火)로써 본인을 희생하여 광명(光明, 낮)으로 세상을 밝혀주며, 또 화(火) 자체가 세상을 밝혀 주는 것에 해당되니 문맹을 퇴치하는 교육자에 해당된다.

　　己亥年 丙寅月 丙寅日 戊戌時
　　기해년 병인월 병인일 무술시

월지(月支)에 인수가 있고 또한 인수국(印水局)을 이루어서 이화여자 대학교 총장과 문교부 장관까지 지낸 김활란 여사님의 사주이다.

이 사주의 남편은 년에 있는 해수(亥水)인데 인해(寅亥)가 합해서 목국(木局)이 되므로 남편이 없어지는 형상이 된다. 목화(木火)로만 구성되어 있어서 단순하고 오직 교육을 위하여 태어난 사람이다.

【참고】 여기에 해당하는 자는 꼭 교육자가 아니더라도 교육부 혹은 문화관광부의 산하기관이나 또는 지시를 따라야 하는 직종에도 근무하게 된다. 교육가이면서도 사주가 좋으면 대학교의 학장, 총장이요, 때로는 장관이 되며, 사주가 부실하면 초등학교에 근무하게 된다. 학교로는 교육대학, 사범대학, 학과로는 사학과, 영문과, 불문과 등 문과 지망생이 많다. 또한 교원자격증을 소지한 자이다.

앞으로 우리 교육계가 발전하는 데는 무엇보다도 교육 철학이 선행되어야 하겠고 일관성 있는 교육행정과 각자의 소질을 뒷받침할 수 있는 교육 시설이 필요하다.

그리고 제2세대들을 가르칠 유명 인사들의 경험 철학을 토대로 지도를 해야 보이지 않는 교육 시간의 단축이 이루어지며 또한 필요한 산 교육이 될 것이다. 이러한 경험 철학을 가진 유명 인사들이 자진해서 교육계에 봉사한다면 내일의 우리 교육계도 한층 더 밝아질 것으로 본다.

언론계

 丁巳年 癸卯月 甲寅日 乙亥時
정사년 계묘월 갑인일 을해시

갑목(甲木) 일주가 목왕(木旺)에 상식(像食)이 필요해서 신문사 사장이 되었다.

이 사주는 인정은 한없이 많으나 금(金)이 없어 의리가 부족하다.

인수(印綬)가 잘 형성되어 있고 상식이 필요해서 문장력, 추리력, 응용력, 표현력이 뛰어나다.

항시 약자 편에서 일을 처리함이 특징이라 하겠다.

문예계

 庚午年 己卯月 丁丑日 丙午時
경오년 기묘월 정축일 병오시

목화(木火)기 사주에 많고, 월지에 인수가 있어서 문예계에 투신한 허근욱 씨(월북한 허헌 씨의 딸)의 사주이다.

무관성(無官星)이기 때문에 남편이 없는 팔자인데, 견겁(肩劫)이 많기 때문에 남편이 있더라도 남편을 빼앗기는 팔자이다.

관(官)이 없기 때문에 국공립 대학과는 인연이 없고 이화여자 대학교 국문과 등과 인연이 있는 팔자이다.

또한 여자가 너무 똑똑해서 문제가 된다.

가요계

 庚辰年 戊寅月 乙巳日 戊寅時
경진년 무인월 을사일 무인시

을목(乙木) 일주가 원래 음악을 좋아하고 상식이 용신(用神)이기 때문에 작곡가 생활을 한 정 모 씨의 사주이다.

이 사주의 토(土)는 아내에 해당되는데 토가 많음은 여러 번 장가를 갔음을 의미한다.

연지(年支)의 진토(辰土)가 이 사주의 건조함을 습하게 만들어 조화를 이루게 한다.

무용계

 甲子年 庚午月 乙酉日 戊寅時
갑자년 경오월 을유일 무인시

을목(乙木) 일주가 월에 화(火)를 만나니 늘씬하고, 자기 몸을 자유자재로 조절할 수 있다. 오월 나무에 꽃이 피었으니 대단한 미인임에 틀림없다. 무용을 할 수 있는 모든 조건을 다 갖추고 있다.

또한 일지(日支)에 있는 유금(酉金)이 도화관에 해당되기 때문에 직업이 기생이거나 아니면 만나는 남자마다 바람둥이로 연결된다.

연간(年干)과 월간(月干)이 충(沖)하고 연지(年支)와 월지(月支)가 충(沖)하기 때문에 사주의 여덟 글자 중에서 네 글자가 완전히 깨져버려서 반쪽 인생밖에 되지 못한다. 이것이 바로 소실과 연결된다.

또한 관식 투전(官食鬪戰)이기 때문에 남편한테 매 맞고 사는 팔자이다.

연예계

 丙辰年 己亥月 乙卯日 丁丑時
병진년 기해월 을묘일 정축시

을목(乙木) 일주가 월지에 인수(印綬)를 놓고 상식이 필요하여 영화배우가 된 김동원(金東元) 씨의 사주이다.

월지에 인수가 있기 때문에 가정교육이 잘되어 있고, 인수는 교양을 의미하기 때문에 연예인 중에서 가장 모범적이라고 알려져 있다.

말년운이 병오(丙午), 정미(丁未) 운으로 흐르니 말년이 건강하고 편안하다.

【참고】 운에서 인수가 지배하여도 공부하다 교육계로 전직이 된다. 인수국(印綬局)은 큰 학교, 국립학교로 응용되며, 금수태왕(金水太旺)은 야간학교로 이어진다. 도화(桃花)나 혹은 재성(財星)이 많으면 여학교에 해당되고 형살(刑殺)이 임하면 기술계 또는 공과 대학으로 연결되며, 재성(財星)은 상업고등학교 또는 상과 대학으로 연결이 된다.

여기에 해당되는 대학 진학 학과

국어국문학과, 중어중문학과, 영어영문학과, 불어불문학과, 독어독문학과, 노어노문학과, 서어서문학과, 언어학과, 국사학과, 동양사학과, 서양사학과, 고고미술사학과, 철학과, 종교학과, 미학과, 언론정보학과, 신문방송학과

법정계

1. 신왕관왕자(身旺官旺者)

신왕관왕자라 함은 일주(日主)가 왕(旺)하여 강한 관(官)을 충분하게 감내할 수 있다는 말이다. 그리하여 최고의 직위에 오르게 되니 정치가로서 장차관에 오르며, 대운이 좋으면 국회의원에 당선된다.

2. 정기일재관자(丁己日財官者)

정화(丁火) 일주나 기토(己土) 일주가 재(財)나 관(官)을 끼고 있을 때 정기일재관격이라 하는데 법이나 재정, 역학, 의학에 종사하는 사람이 많다.

정화는 혀로 말하는 직업이니 변호사를 뜻하고, 변호사의 전신(前身)은 법관이기 때문에 여기에 해당되는 것이다. 기토는 입을 가리키니 역시 변호사에 해당된다. 재(財)는 재생관(財生官)하니 역시 법관에 속한다.

 戊申年 壬戌月 己未日 乙亥時
무신년 임술월 기미일 을해시

년에 있는 신금(申金), 월지에 술토(戌土), 그리고 기미일(己未日)로써 신왕관왕인 사주이다. 시주(時柱)에 을해(乙亥)가 편관(偏官)으로서 용신(用神)이 되니 가히 아름답다 하겠다.

시상일위귀격(時上一位貴格)으로서 국무총리까지 지낸 백두진 씨 사주이다.

이 사주는 바위(신금), 나무들(을해), 폭포(해수) 등이 두루 갖추어 있는 국립공원으로서 손색없이 잘 짜여진 사주이다.

관(官)에서 을목(乙木)이 투출하고 있어 아들 농사보다 딸 농사가 더 잘된다.

미술형(未戌刑)은 왕자형발(旺者刑發)로 봐야 한다. 그리고 정기일재관격(丁己日財官格)에도 해당된다.

3. 일주(日主)를 기준한 병경성(丙庚星)

일주를 기준으로 해서 병화(丙火)가 경금(庚金)을 만나거나 경금이 병화를 만났을 때 해당되는데 경금이 병화를 만나면 관(官)에 해당되기 때문에 법정에 진출한다. 병화가 경금을 만나면 재(財)가 되는데 재는 재생관(財生官)하므로 역시 법정에 속한다.

여기서 유의하여야 할 것은 일주가 강하고 재관(財官)이 튼튼히 뿌리를 할 수 있어야 법관의 범주에 들어갈 수 있다는 점이다.

戊午年 辛酉月 庚辰日 丙戌時
무오년 신유월 경진일 병술시

경금(庚金) 일주가 진유(辰酉)로 신왕(身旺)하는 중, 시주(時柱)에 병화(丙火)가 자리 잡고, 말년에 대운이 좋아서 대검 검사까지 직위가 올라갔다.

이 사주는 목화(木火)가 용신이다.

4. 수목(水木) 일주가 술해(戌亥)나 묘유술(卯酉戌) 중 둘 이상을 사주에 가진 자

수(水) 일주는 법(法)이다. 법 한자는 물 수(氵= 水)+갈 거(去)로 되어 있다. 수(水) 자체가 법으로 통하며 또 물은 어디에 있든지 수평을 유지하는데, 이것이 법은 만인에 평등하다는 원리와 일치한다. 목(木) 일주는 목 자체가 인(仁)이요, 자비심과 통하여 죄는 미워하되 사람은 미워하지 말라는 말과 일맥 상통한다.

술해(戌亥)가 있으면 건방천문성(乾方天門星)으로 만인을 구제하는 길성(吉星)이 되어 법관과 통한다.

묘유술(卯酉戌)은 철쇄개금(鐵鎖開金)으로 만인의 고민을 풀어주는 좋은 길성이 되어 법관이 된다.

丁卯年 辛亥月 癸酉日 乙卯時
정묘년 신해월 계유일 을묘시

계수(癸水) 일주가 해수(亥水)와 묘목(卯木)을 2개나 가지고 있어 판사를 역임한 후 말년에 변호사로 생애를 보냈다.

5. 비천녹마격(飛天綠馬格)과 일지(日支)에 형살이 있거나 양인살(羊刃殺), 수옥살(囚獄殺), 천라지망살(天羅地網殺)을 놓은 자

비천녹마격이란 보이지 않는 충(沖)을 하여 오히려 좋은 격이 됨을 의미한다. 녹(祿)은 정관(正官), 마(馬)는 정재(正財)로 즉 보이지 않는 정재, 정관을 만들어 냄으로써 귀격(貴格)이 됨을 의미한다.

신해(辛亥) 일주와 계해(癸亥) 일주가 다봉해(多逢亥)로 구성되어 있다.

경자(庚子), 정사(丁巳), 임자(壬子), 병오(丙午)도 해당된다고 하나 필자가 체험한 바로는 신해일이 해(亥)를 많이 만나거나, 계해일이 해(亥)를 많이 만났을 때만 성립된다.

예를 들면 신해일이 해(亥)를 많이 만나면 보이지 않는 사화(巳火)를 끌어들임으로써 사(巳) 중의 병화(丙火)는 정관이 되고, 사(巳) 중의 무토(戊土)는 정인(正印)이 되어 신금(申金) 일주는 해수(亥水) 때문에 정관과 정인을 불로소득하여 귀하게 함으로써로 법관이 된다.

다음으로 형살은 좋은 작용이 될 때는 형권(刑權)으로 통하기 때문에 판검사로 출세를 하고 양인살(羊刃殺)은 생사권(生死權)을 좌우하는 것이 되어 법관으로 진출한다. 천라지망살은 펼쳐 놓은 그물을 말하는데 이것이 법망(法網)과 연결된다.

戊子年 癸亥月 辛亥日 己亥時
무자년 계해월 신해일 기해시

비천녹마격으로 해(亥) 중 갑목(甲木)이 용신이 된다.
해수(亥水)를 3개나 가지고 있어 영리하고, 직감력이 아주 강하며 또 꿈이 잘 맞는다. 감각기능이 아주 발달되어 있으며 실제로 판사 생활을 했다.

이 사주의 흠은 자식이 잘 안된다는 것이다. 자식이 사화(巳火)인데, 수많은 수(水)에 견디지 못하기 때문이다.

또 비천녹마격은 보이지 않는 사화가 연운에서 들어오면 첫째, 이 사주의 생명선인 해수를 다 파괴하고 둘째, 나타나지 않아야 할 사화가 나타나기 때문에 관직이 완전히 파괴된다.

이 사주는 미년(未年)이나 해년(亥年), 인년(寅年), 묘년(卯年)에 운이 가장 좋다.

丁巳年 戊申月 戊申日 丁巳時
정사년 무신월 무신일 정사시

무토(戊土) 일주가 사신형살(巳申刑殺)이 있고 천라지망살(진辰, 술戌, 사巳, 해亥)도 있어 초기에 경찰에 투신하였고, 후에 국회의원까지 지낸 박병배 씨의 사주이다.

상식에 형살(刑殺)이 걸려 있어 욕을 잘하고, 사신형(巳申刑) 때문에 눈에 살기(殺氣)가 있게 된다.

이 사주는 조금 신약(身弱)한 사주로 화토(火土)가 용신이 된다.

【참고】 법관 중에서도 사주가 청백하면 판사에 많고, 사주가 탁하면 검사에 많다.

여기에 해당되는 자가 법관이 아니라면 법에 대한 상식이 풍부하고, 법원 일반직 직원이나 검찰청 수사관 또는 법무사 등에 많이 종사하게 된다.

여기에 해당되는 대학 진학 학과
정치학과, 외교학과, 법학과, 행정학과, 경찰행정과 등

재정계

1. 신왕재왕자(身旺財旺者) 혹은 재성(財星)이 필요한 자

　신왕재왕은 일주(日主)가 왕하여 좋은 재(財)를 충분히 다스릴 수 있으며 또 왕(旺)한 재는 재생관(財生官)하여 관(官)을 생(生)하여 주므로 정치와 직결된다.
　그러므로 재정(財政)에 입신하며 또 재성(財星)이 필요한 자는 본인이 재성을 좋아하게 되어 재정계로 진출하게 된다. 여기에 속하는 사람 중에 운이 좋으면 재정경제부 장관, 한은 총재 등을 역임하며 일국의 예산을 좌우한다.

 己亥年 丙子月 戊戌日 己未時
기해년 병자월 무술일 기미시

월지에 재국(財局)을 놓고 있는 여자 사주로서 화토(火土)가 용신(用神)인데 조금 신약한 사주이다.

이런 사람은 사업이나 무역 그리고 식품 관계나 금융업을 취급하면 좋다. 중년부터 운이 좋아서 국회의원까지 지낸 사주이다.

일지와 시지에 미술토(未戌土)를 놓고 있어 일말의 실수도 하지 않는 완벽주의자이다.

상식이 없기 때문에 돈을 벌 줄만 알지 쓸 줄을 모르는 팔자이기도 하다.

2. 월지(月支)에 재성(財星)이 있거나
   또는 사주에 재성이 많은 자

월지에 재성이 있다 함은 월지는 부모님의 자리이니, 태어날 때 재정관의 집에 태어나 보고 듣는 것이 재(財)나 정(政)이 된다. 여기에 어릴 때부터 익숙해졌고 또 부모님의 직업이 선망의 대상이 되어 재정계로 진출하게 되는데 이것이 바로 부전자전이라 하겠다. 사주에 재가 많다 함은 주위에 보이는 것이 온통 재정이니, 자연 재정계에 진출하게 된다.

壬午年 丙午月 癸丑日 壬子時
임오년 병오월 계축일 임자시

년(年)이나 월(月)에 재성(財星)을 놓고 있으니 재(財)가 많아서 은행의 지점장을 역임했던 사주이다. 5월에 태어났기 때문에 조금 신약한 걸로 봐야 한다.

축오(丑午) 귀문관을 끼고 있어 머리가 아주 영리하고 굉장히 까다로운 사람이다. 또한 신경이 예민하다.

월지에 재(財)가 있는 사람은 누구한테든지 이기고 봐야 한다. 지고는 못 견디는 성격이다. 그리고 이재에 밝으며 숫자 개념이 정확하고 암산이 빠르다. 모든 것을 돈을 통해서 계산하며 여자인 경우는 남편도 돈을 통해서 계산하게 된다.

이러한 부류의 사람은 돈과 연애하기 때문에 이것이 장점이자 또한 약점으로 작용한다.

또한 일시와 월지가 귀문관과 연결되어 부모와 인연이 없고 고향을 떠나 살아야 한다. 자수성가해야 하는 사주이다.

3. 재고(財庫)나 관고(官庫)가 사주에 있으면서 일지(日支)와 합신자(合身者)

재고는 금고(金庫)에 해당되고 관고는 관의 금고에 해당된다. 이것이 일지에 있거나 또는 타주(他柱)에 있더라도 일지와 합이 되면 그 사주의 장본인에게 직접적인 영향을 끼치므로 재정계에 진출하게 된다.

 丁巳年 己酉月 壬戌日 庚子時
정사년 기유월 임술일 경자시

임수(壬水) 일주로서 신왕 사주인데 일지(日支)에 술토(戌土)를 놓고 있다. 술토는 재고나 관고에 속하는데 이것이 또한 용신이 되어 신왕재왕(身旺財旺) 사주가 된다.

여기서 첫사랑은 연간에 있는 정화(丁火)인데 지지가 사술(巳戌) 귀문관이 되어 계속 생각이 나고 좋아했으나 결혼은 하지 못했다.

또한 술토는 재고(財庫)에 해당되므로 아내의 잔질(殘疾)은 면할 길이 없다.

이 사주에는 목(木)이 보이지 않으므로 대단히 인색하다. 도중에 대운이 좋아서 세무서장까지 지낸 사람이다.

【참고】 재정계라 함은 정치까지도 해당되는데 이때는 사주가 좋을 때에 한해서이다. 경제계, 재무계, 회계 계통, 국세청, 세무 관계, 경리직, 보험 업계까지 여기에 포함된다.

상식(傷食)이 뒷받침을 하면 경영에 해당되고, 상식의 뒷받침이 없으면 순수한 경제를 전공하게 된다.

여자가 여기에 해당되면 재정계와 혼인을 하며 일부는 본인이 직접 재정계에 진출하게 된다.

은행으로 국한하면 사주가 좋고 상식이 잘 구비되어 있으면 한국은행이나 산업은행에 해당되고, 수목(水木)이 많으면 하나은행과 인연이 있고, 토금수(土金水)가 많으면 외국계 은행에 해당되고, 외환은행이나 외국 지점 혹은 외국 부서에 근무하는 사람은 역마(驛馬) 지살(地殺)이 있어야 한다. 국민은행은 화토수(火土水)와 인연이 있으며 중소기업 은행은 토금(土金)과 인연이 있고 신한은행도 토금과 관계가 깊다. 우리은행은 금수(金水)가 많은 사람이 입사를 많이 하며 본점에 근무하는 사람은 토(土)가 본인의 사주에 있어야 유리하다.

은행에 관한 한 필자의 임상 경험상 그러하니, 참고하기 바란다.

여기에 해당하는 대학 진학 학과
경제과, 경영학과, 상과, 무역학과, 산업심리학과 등

정치 · 외교계

1. 신왕관왕자나 편인(偏印)이 국(局)을 이룬 자

신왕관왕자(身旺官旺者)는 정신과 건강이 모두 좋아 큰 벼슬을 충분히 감내할 수 있고 또 신왕 사주여야 깊은 지혜와 덕망으로써 민족과 국가를 위하여 자기를 희생할 수 있는 정신 자세를 갖게 된다.

필자가 체험한 바로는 신왕관왕자는 국립 서울 대학교의 법학과, 정치학과 또는 외교학과 출신이 많다.

관료로는 장차관에 많으며, 입법부로는 국회의원에 해당되고, 사법부로는 지방 법원장, 대법원 판사 등이 많이 배출되고 있다. 이러한 경우에는 사주가 좋아야 함은 물론이지만, 대운도 좋아야 한다.

이러한 신왕관왕자는 자신도 출세하지만 아들 농사도 잘되는 것이 특징이다.

그리고 편인이 국을 이루면 정치가나 외교관 등에 많은데, 편인은 외국어나 서양의 역사를 전공하게 되어 자연히 외국으로 가서 공부를 하게 되니 정치가나 외교관으로 입신하게 된다.

 丙寅年 甲午月 丙申日 壬辰時
병인년 갑오월 병신일 임진시

신왕관왕 사주로서 병화(丙火) 일주가 5월에 태어나서 굳건히 뿌리를 내리는 중 금수(金水)가 필요한데 일과 시에 수국(水局)이 튼튼히 뿌리를 내리니 금수가 용신이 된다.

시주(時柱)에 편관(偏官)이 자리하고 있으며 이 편관을 능히 감내할 수 있어 시상일위귀격(時上一位貴格)이 된다. 이 사람은 법이나 정치 혹은 외교관에 다 해당된다.

양팔통(陽八通)이기 때문에 임사즉결(臨事卽決)하며 조화가 비상하다. 이러한 사주를 우리는 양대정승(兩代政丞)이라 부른다. 아버지와 아들이 다같이 정승을 지낸다는 뜻이다.

지금으로 말하면 국무총리나 국회의장 또는 대법원장에 해당된다.

 丁卯年 丁未月 丁巳日 乙巳時
정묘년 정미월 정사일 을사시

연지(年支)에 있는 묘목(卯木)과 월지(月支)에 있는 미토(未土)가 합하여 목국(木局)을 이루니, 편인국(偏印局)으로서 외교관이 된 사주이다.

화(火) 일주(日主)는 화(火)로 사주가 구성되어 있어 화술에 능하며 외골수로서 거짓 없고 성격이 화끈한 사람이다.

그러나 이 사주에는 재성(財星)이 없기 때문에 돈이 없다. 아내가 재성에 해당되는데, 이 많은 화(火) 때문에 재성에 해당되는 금(金)이 녹아 내리게 된다.

다시 말하면 본인은 출세하는데 아내는 골병이 드는 팔자이다. 아내가 운이 좋으면 이혼하고 운이 나쁘면 사별하게 된다. 따라서 가정적으로는 처궁(妻宮)이 안 좋고 자식 농사가 안되기 때문에 불행한 사람이다.

2. 역마(驛馬) 지살(地殺)이 있는 자로서 이것이 관(官)이나 재(財) 또는 인수(印綬)에 해당되는 자

역마나 지살로 관이나 인수가 국(局)을 이루고 있으면 모두가 해외에서 직장을 얻게 된다. 재성(財星)은 해외에서 월급을 받는 것이 되어 외교관에 해당되며 아니면 외국 대사관, 외국 공관, 외국 상사에 근무하게 된다. 여명(女命)이 여기에 해당되면 본인 또는 배우자가 정치가나 외교관이 된다.

여기에서 사주와 대운이 좋으면 정치가나 외교관으로 활동하며 급수가 낮으면 대사관 근무로 해석하면 된다.

 辛酉年 辛丑月 壬寅日 丙午時
신유년 신축월 임인일 병오시

임수(壬水) 일주가 신왕하고 지살로 재국(財局)이 형성되어 신왕재왕 사주인데 말년에 재무부 장관을 지냈다.

시주(時柱)에 편재(偏財)를 끼고 있어 시상편재격(時上偏財格)이 된다.

이 정도면 매우 좋은 사주에 속한다.

여기에 해당되는 대학 진학 학과
정치학과, 외교학과, 정외과, 신문방송학과, 국제정치학과

의약계

1. 금(金) 일주가 지지(地支)에 목화(木火)가 있거나 일지(日支)에 형살이 있는 경우

금 일주(日主)가 지지에 목화국(木火局)을 놓으면 목(木)은 목생화(木生火)되어 왕(旺)한 화국(火局)에 의하여 좋은 그릇이 된다.

제련은 기술이나 이공계로 통하며, 또 화(火)는 광명(光明)으로 환자의 고민을 해결하는 직업이 되니 이것이 의약과 통하게 된다.

또 일지에 형살을 놓게 되면 형살은 수술이나 병(病)에 해당되어, 본인이 수술을 집행하거나 또는 병마와 싸우는 직업으로 연결되니 의약계에 종사하게 된다.

 甲寅年 庚午月 辛酉日 己丑時
갑인년 경오월 신유일 기축시

신금(辛金) 일주가 지지에 화국(火局)을 놓고, 잘 제련이 되어 신왕관왕(身旺官旺) 사주인데 나중에 치과 의사가 되었다. 50세 이후에는 전국 의사회 회장까지 되고 국회의원도 지냈다.

개업의보다 관의(官醫)가 더 맞는데 서울 대학교 교수 출신으로서 부귀를 겸전(兼全)한 사주이다.

월지(月支)에 도화(桃花)인 오화(午火)를 끼고 있으니 멋쟁이에도 해당된다.

또한 관(官)이 용신이기 때문에 자식 농사도 아주 잘된다.

2. 목(木) 일주가 목화(木火)를 많이 만나고 있거나 또는 일지에 진(辰), 술(戌)을 놓은 자

목 일주는 본래가 인(仁)에 해당되는데, 인은 의술과 통하기 때문에 의약계로 진출한다. 화(火)가 있으면 목생화(木生火)로 자기를 불태워 광명이 있게 하므로 의사나 약사에 해당된다.

진술일(辰戌日)은 일덕(日德)으로서 공업가나 이공계에 해당되기 때문에 의사나 약사에 진출하게 된다.

甲子年 丙寅月 甲子日 丙寅時
갑자년 병인월 갑자일 병인시

목(木) 일주가 목화를 많이 만나서 의사가 된 팔자인데, 재관(財官)이 없기 때문에 돈과 명예를 밝히지 않고 오직 만인을 구제하는 희생정신으로 사는 사람이다. 이런 사람이야말로 진짜 의사이다.

상식은 환자에 해당되고 또 이 사람은 상식이 용신이기 때문에, 불쌍하고 돈 없는 사람이라도 그냥 보내지 않고 꼭 치료해서 돌려보낸다. 따라서 환자를 진심으로 생각하는 만인의 존경을 받는 의사이다.

전공과목은 신경정신과, 안과, 소아과로 연결된다.

이 사주의 흠은 재관(財官)이 다 몰(沒)해 있어 처자궁(妻子宮)이 나쁘다는 것이다.

건강으로는 폐, 대장이 약하다.

3. 양인살(羊刃殺) 또는 묘유술(卯酉戌) 중에 2자 이상을 가진 자

양인살은 손에 칼을 쥐고 인명의 생살권을 좌우하기 때문에 의사와 맥이 통한다. 묘유술은 철쇄개금(鐵鎖開金)으로 굳게 잠긴 자물쇠를 여는 것에 해당되는데 병든 몸을 치료하는 일은 굳게 잠긴 자물쇠를 여는 것과 똑같아 의사에 해당된다.

또 묘유술을 가진 사람은 법관, 의사, 역학자에 많다.

乙卯年 戊寅月 丁卯日 庚戌時
을묘년 무인월 정묘일 경술시

일지와 시지에 묘술(卯戌)을 놓아서 의사가 되었는데, 묘목(卯木)이 또 인수에 해당되어 의학 공부는 아주 흥미있게 잘한다.

또 인수를 많이 가지고 있어서 의학에 대한 저술을 많이 남겼다.

전공과목으로는 안과, 신경정신과, 성형외과 등으로 연결된다.

4. 사주에 술해천문성(戌亥天門星)을 갖고 있거나 또는 축인(丑寅)을 갖고 있는 자

술해(戌亥)는 전문성으로 만인을 구제하는 역할을 하는데, 병마에서 인간을 구제하는 것도 술해의 역할에 해당되어 의사의 직업을 갖게 된다. 또 술해를 가진 사람은 법학, 의학, 역학, 종교계까지 연결된다.

그리고 축인은 어두움에서 새벽으로 향하는 시간인데, 이것이 바로 어두운 그림자가 덮여 있는 환자를 구출해 주는 것과 맥이 통해 의사의 직업을 갖게 된다.

또 탕화살(湯火殺)에도 해당되는데 탕화살을 가진 사람은 독극물을 취급하기 때문에 의사나 약사의 직업에 종사하게 된다.

 戊辰年 甲寅月 甲戌日 甲子時
무진년 갑인월 갑술일 갑자시

일지에 술토(戌土)가 있고, 목화(木火)가 많아서 의사가 된 여명(女命)의 사주이다.

지지(地支)로 꽃이 피었는데, 이것은 속살이 겉 피부보다 더 예쁨을 가리킨다.

목(木)에 비해서 화(火)가 부족하기 때문에 좀 답답하다. 이유는 시원스럽게 목생화(木生火)가 잘 안되기 때문이다.

또 일지의 술토는 재고(財庫)에 해당되어 돈이 많은 팔자이다. 술토가 용신이기 때문에 인년(寅年), 오년(午年), 미년(未年), 술년(戌年)에만 운이 좋다.

전공과목으로는 목화가 많으므로 신경정신과, 화(火)로 연결하면 소아과 의사에도 해당된다.

이 사주의 흠은 관성(官星)이 없어서 배우자와 해로를 못하며 견겁(肩劫)이 많아서 여기 가나 저기 가나 방해를 받는다.

【참고】 의사도 크게 보면 학의(學醫), 관의(官醫), 행의(行醫)로 구분된다. 학의는 의대 교수나 또는 의학 전문 연구직에 종사하고, 관의는 봉급생활자로 국립병원, 시립병원, 도립병원, 개인병원에서 종사하며, 행의는 직접 의료 행위를 하면서 자기 병원을 갖춘 자라고 할 수 있다.

보편적으로 신약자(身弱者)이거나 운이 나쁜 경우, 또는 너무 청격(淸格)인 경우는 관의로 많이 종사하며 신강(身强)에 운이 좋으면 개업의로 성공하게 된다.

▶ 오행(五行)과 육친(六親)에 의한 전문 분야 분류

신경정신과	・목(木) 일주 목화가 많은 자 ・귀문관살(鬼門關殺)을 가진 자
외과	・금(金) 일주가 금이 많거나 형살, 양인살인 경우 ・수술하려면 몸이 건강해야 하기 때문에 신왕자(身旺者)가 여기에 해당된다.
내과	・화토(火土)가 많은 사람
안과	・목화(木火)가 많은 사람
치과	・신금(辛金) 일주에 많다

산부인과	· 남성은 재성(財星)을 가진 경우 · 여성은 비견겁이 많은 경우
소아과	· 상식(傷食)이 있는 사람
피부·비뇨기과	· 금수(金水)가 많은 사람
이비인후과	· 금수목(金水木)이 많은 사람
X선과	· 목화(木火)가 많은 사람
마취과	· 금수(金水)가 많은 사람
약사	· 수목(水木)이 많거나 탕화살을 가진 사람
한의사	· 수목화(水木火)가 많은 사람

여기에 해당되는 대학 진학 학과

의과 대학, 치과 대학, 약학 대학, 한의과 대학, 보건 전문대, 수의대, 간호 대학, 식품영양학과, 제약학과

군인 및 경찰

1. 금(金) 일주(경금 일주에 한함) 또는 금기태왕자(金氣太旺者)

경금(庚金) 자체가 생살권을 가지고 있다. 5·16 군사정변에 가담한 자의 60%가 경금 일주임을 볼 때 경금 일주가 운이 좋아 군대나 경찰에 투신하면 크게 성공한다.

 丁巳年 辛亥月 庚申日 戊寅時
정사년 신해월 경신일 무인시

경금 일주로서 신왕(身旺) 사주인데 목화가 용신이다. 군인으로서 혁명을 하고 나중에 대통령까지 지낸 박정희 전 대통령의 사주이다.

일지와 시지가 충(沖)을 하고 있기 때문에 부인과 해로를 하지 못한다. 또한 인신충(寅申沖)은 탕화가 충(沖)이 되므로 총을 맞아 사망하게 된다.

지지에 인신사해(寅申巳亥)를 다 깔고 있어서 귀격(貴格)이라고 하나 가족 관계는 전부 파격(破格)으로 봐야 한다. 본인의 출세운은 좋지만 가족 관계는 어지럽게 정리된다는 뜻이다.

2. 괴강(魁罡) 일주나 혹은 사주에 편관(偏官)을 가진 자

괴강은 경진(庚辰), 경술(庚戌), 임진(壬辰), 임술(壬戌) 일주를 가리킨다. 괴강살 자체가 무관으로 통하며, 편관 역시 무관에 속한다.

괴강은 일주가 아니더라도 사주에 많이 있으면 군인이나 경찰에 해당된다.

庚辰年 庚辰月 庚辰日 庚辰時
경진년 경진월 경진일 경진시

괴강 일주가 또 괴강을 만나고 있어 전형적인 무관의 사주이다. 정확한 것은 알 수 없지만 신라 시대 김유신 장군의 사주로 알려져 있다.

여자라면 중성(中性)으로서 남편을 꺾고 혼자 살아야 한다.

남자라면 전쟁을 위해서 태어난 팔자로, 대운이 좋으면 곧 전쟁이 일어나게 된다.

이 사주는 토금(土金)에 종(從)하는 사주인데, 천원일기격(天元一氣格)이나 지지일기격(地支一氣格)으로 귀격으로 본다.

그러나 견겁이 많기 때문에 재물이 계속 없어지고, 자식궁과 처궁이 아주 나쁘다.

실례 ②

辛酉年 甲午月 庚申日 丙戌時
신유년 갑오월 경신일 병술시

경금 일주가 시주(時柱)에 편관을 놓아 육군 참모총장까지 지낸 민기식 씨의 사주이다. 조금 신약(身弱)에 해당되기 때문에 금수(金水)가 용신이 된다.

이런 사주는 어떤 기회가 오면 갑자기 출세하는 것이 특징이다.

3. 천라지망살 또는 형살, 양인살, 수옥살 놓은 자

천라지망살은 법망(法網)으로써 범인을 체포하는 것이 직업이기 때문에 해당되고, 형살과 양인살은 생살권을 가지고 있기 때문에 해당된다.

수옥살을 가지면 본인의 운이 나쁘면 형무소에 가고, 운이 좋으면 다른 사람을 체포 구금해서 형무소에 보내는 검사, 형무관, 군인, 경찰에 해당되는 직업을 갖게 된다.

 **辛巳年 癸巳月 己巳日 庚午時**
신사년 계사월 기사일 경오시

기토(己土) 일주가 사화(巳火)인 천라지망살을 놓아 경찰관의 아내가 된 여명(女命)이다.

시집가서 결국은 해로하지 못했는데 그 이유는 첫째, 이 사주에 남편에 해당되는 목(木)이 없고 둘째, 운에서 목이 들어오더라도 수많은 화(火)에 의해서 불타 없어지기 때문이다.

이런 사주는 실제로 실관을 해 보면 남편을 달달 볶아 도저히 견딜 수 없게 만들어서 결국 이혼하게 된다.

또한 자식하고도 인연이 없다. 자식에 해당되는 경금(庚金)이 수많은 화국(火局)에 의해서 녹아 없어지기 때문이다.

이 사주는 화토(火土)에 종(從)을 한 사주로 화토 운에 좋다. 단 축토(丑土)는 금국(金局)으로 변하니 쓸 수 없다.

【참고】 사주가 좋은 자는 군의 장성 또는 경찰청장 등이 될 수 있으나 사주가 부실한 자는 평생 하급직으로 지내게 된다.

토금(土金)이 많은 자는 육군, 목화(木火)가 많으면 공군, 금수(金水)가 많으면 해군에 해당된다.

또 관(官)이 투출되어 있으면 정복(正服)을 좋아하고, 지지관이나 암장관은 사복을 좋아한다.

상식이 사주에 많으면 경찰관 중에서도 형사 계통에 많이 근무한다.

여기에 해당되는 대학 진학 학과

육군사관학교, 해군사관학교, 공군사관학교, 경찰 대학교, 경찰행정학과, 경찰 정보학과

과학 및 기술계

1. 금(金) 일주가 지지에 목화(木火)가 많아서 국(局)을 이룬 자

금 일주 지지 목화국의 목은 목생화(木生火)하여 핵(核)이 화(火)에 연결된다. 금은 화에 의하여 제련되는 형상이 공업가, 즉 기술자로 통하며 화(火)는 전자, 전파, 전기로써 고도의 기술을 요하는 것이 되어 과학에 해당된다.

 丁丑年 丙午月 辛未日 癸巳時
정축년 병오월 신미일 계사시

신금(辛金) 일주가 지지에 화국(火局)이 있어 종살격(從殺格)이 되며 용신은 목화(木火)이다.

5·16 군사정변 후 미국에서 귀국한 공학 박사 1호로 정부의 중요 기술 연구소에서 책임자로 근무했던 사람이다.

이 사주의 흠은 아버지와 처궁이 약한 것이다. 이유는 목(木)이 보이지 않기 때문이다.

미중(未中)의 을목(乙木)이 있다 하나 땅속에 있고, 또 연지(年支)와 축미충(丑未沖)을 당하여 약해지기 때문이다.

2. 목화수(木火水) 일주가 지지에 목화수를 많이 가진 자

목(木)은 길이가 긴 것에 해당되는데 따라서 유선(有線)으로 해석되고, 무선(無線)은 화(火)와 수(水)가 된다. 목화수 일주가 지지에 목화수를 놓으면 유무선으로 과학기술에 입신하며 또 수(水)는 유전공학 및 초음파와 통하기 때문에 과학 및 기술자로 응용되고 있다.

壬午年 壬寅月 甲辰日 丁卯時
임오년 임인월 갑진일 정묘시

갑목(甲木) 일주가 목기(木氣)가 왕(旺)하고 시간(時干)에 정화(丁火)가 투출되어 전자 회사 사장까지 지낸 사람이다.

신왕(身旺) 사주이니 화토(火土)로 설기(泄氣)해 줌이 좋다.

3. 사주에 상식(傷食)이 많거나
   형(刑)이나 충(沖)을 가지고 있는 자

상식은 아생자(我生者)로 응용, 가공, 기술을 나타내기 때문에 기술자에 해당된다.

형과 충은 파괴로써 뜯었다, 맞추었다 잘하는데 파괴는 건설의 어머니가 되기 때문에 과학기술에 해당된다.

 戊辰年 辛酉月 壬寅日 壬寅時
무진년 신유월 임인일 임인시

임수(壬水) 일주가 신왕하고 상식으로 잘 설기가 되기 때문에 기술자에 해당되는데, 수(水) 일주라 대형 선박의 일등항해사로 근무했다.

술년(戌年)에는 항해사를 그만두고 육지 근무를 하게 된다.

목화(木火) 운에 일이 아주 잘 풀린다.

각 일주(日主)로 본 기술 전공

목(木) 일주 — 섬유, 건축

화(火) 일주 — 전자, 전기, 항공

토(土) 일주 — 건설, 토건

금(金) 일주 — 기계, 차, 제철

수(水) 일주 — 유전공학, 해양, 선박

여기에 해당되는 진학 학과

공과대학 전부, 수학과, 물리학과, 화학과, 생물학과, 교육공학과, 컴퓨터 교육과, 지구해양과학과, 해양환경공학과

사업가

1. 신왕재왕자(身旺財旺者)

　신왕재왕자라 함은 일주(日主)와 재성(財星)이 동시에 강하면서 일주가 재성을 능히 감당할 수 있음을 말한다.
　신왕하면 건강하고 활동력이 있으며 배짱이 세고 포부가 커서 적은 것으로는 만족하지 않으며, 매사에 자신 있고 적극성을 띠게 된다. 눈앞에 산더미 같이 쌓인 큰돈을 보고서 봉급생활자로는 만족하지 못하기 때문에 사업가로서 입신하게 된다.
　여기서 말하는 사업가는 주로 편재(偏財)에서 많이 보이고 있으며, 정재(正財)는 재정계(財政界) 쪽으로 많이 진출한다.
　관청으로 가면 장관이 되고 대기업으로 가면 회장까지 지내게 된다.

일주가 조금 약해도 어느 정도 균형이 잡혀 있으면 신왕재왕으로 보아도 무방하다.

 庚申年 己卯月 丁亥日 壬寅時
경신년 기묘월 정해일 임인시

해묘(亥卯)가 목국(木局)이 되고 인묘(寅卯)도 목국이 되나, 2월달에 태어나서 조금 신약(身弱)하므로 목화(木火)가 용신(用神)이 된다.

작고하신 한진그룹 총수 조중훈 회장의 사주이다.

인(寅)·신(申)·사(巳)·해(亥)가 역마, 지살에 해당되는데 그중에 3개나 사주에 가지고 있어, 운수업에서 대성하였다.

연지에 있는 신(申)은 육로를 가리키니 처음에는 육지에서 수송업을 시작하여 기반을 잡았고, 월지에 있는 해(亥)는 바닷길을 가리키니 해운 회사를 만들어 재벌의 기초를 닦았으며, 시지에 있는 인(寅)은 비행기를 가리키니 대한항공을 가짐으로써 완전히 재벌의 반열에 들어섰던 것이다.

무엇보다도 성공한 것은 대운이 좋은 탓이다.

2. 일주가 신왕하고 상식(傷食)이 잘 구비되어 있으면서 동시에 생재(生財)한 자

상식은 응용력, 발표력, 지혜에 해당되는데, 이것이 생재(生財)하면은 생산업, 제품업, 가공업에 해당된다.

상식만 있을 때는 사장을 만드는 기계 역할밖에 하지 못한다.

상식이 잘 생재하면 신왕재왕 사주와 똑같이 큰 사업가가 될 수 있다.

 **庚申年 乙酉月 壬辰日 乙巳時
경신년 을유월 임진일 을사시**

신왕 사주로서 시주(時柱)가 잘 구성되어 식품 제조업을 해서 크게 성공한 여명(女命)의 사주이다.

여기서 상관생재(傷官生財)가 되는데, 수생목[水生木, 임생을(壬生乙)]에 목생화[木生火, 을생사(乙生巳)]로 연결된다.

또 장사를 하려면 끼가 있어야 하는데, 월지(月支)에 있는 유금(酉金)이 도화(桃花)가 되니 모든 구색을 갖췄다고 볼 수 있다.

이 사주는 돈을 벌면 땅을 사야 크게 축재한다. 이유는 사화(巳火)가 화생토(火生土)해서 결국은 토극수(土剋水) 하므로 결과적으로 몸의 균형을 맞추어 주기 때문이다.

3. 신약(身弱)이라도 운이 좋은 자

일주가 조금 약하다 하더라도 대운이 좋으면 크게 나의 몸과 정신을 보강시키기 때문에 주중(柱中)의 재(財)를 다스릴 수 있다. 대운이 좋은 동안은 신왕재왕과 똑같은 효력이 나타난다.

 庚子年 己丑月 丙午日 己亥時
경자년 기축월 병오일 기해시

병오(丙午) 일주가 추운 겨울에 태어나서 신약 사주인데, 월지에 재고[축토(丑土)]를 놓아 항시 돈 버는 일만 생각하고 일생을 살아온 사람이다.

25세부터 45세까지 임진(壬辰)·계사(癸巳) 대운이 와서 지독히도 고생하다가, 45세 이후에 갑오(甲午)·을미(乙未) 대운에 크게 성공했다.

이렇게 좋은 운이 들어오면 하루 아침에 모든 입장이 뒤바뀌게 된다. 65세 이후에는 재산 관리만 잘하면 큰 부자로 생애를 마감할 수 있다.

【참고】 운에서 재(財) 또는 상식(傷食)이 좋은 역할을 하면 사업을 하게 된다.

상식이 있으면 생산업, 가공업, 기술 사업이 되고, 재만 있으면 대리점, 유통업이요, 또 재관(財官)을 구비한 자는 관청에 납품하여 성공한다.

특별히 고려할 것은 사주에 맞는 사업을 할지라도 대운이 부실하면 성공할 수 없다는 것이다.

사실, 알고 보면 운만 좋다면 무엇이든 잘되는 것이다.

여기에 해당되는 대학 진학 학과
경영학과, 경제학과, 상학과

운수업계

1. 역마나 지살이 재성(財星)이나 관성(官星) 또는 인수(印綬)에 해당되는 자

역마나 지살은 교통수단으로 차륜에 해당된다. 여기에 재성이 임하여 있으면 차가 돈 벌어 주는 경우에 해당되며, 관성은 차주(車主)나 운수업계의 장 또는 직접 운수업자가 된다.

인수는 나를 도와주는 자에 해당되어 차로 인해서 생활이 되며 또 차고, 주차장에도 해당되므로 운수업계에 진출하게 된다.

 戊辰年 辛酉月 丙寅日 己丑時
무진년 신유월 병인일 기축시

일지의 인목(寅木)이 역마 인수가 되어 여행사를 경영하고 있다.

일주가 약하기 때문에 목화(木火)가 용신이다.

일주가 약하므로 동업이 좋겠고 신년(申年)이나 사년(巳年)에는 교통사고가 유난히 많이 난다.

병자년(丙子年)에 과당 경쟁을 하다 손해를 많이 봤다. 이유는 병화(丙火)는 견겁 작용이 나오고 자수(子水)는 신약한 나를 괴롭히기 때문에 고전할 수밖에 없는 것이다.

여기서 병신합(丙辛合)은 내 돈이 됐든 남의 돈이 됐든 쉽게 돈이 따라 들어온다고 보면 된다.

재(財)가 일주보다 강하기 때문에 처갓집과 아버지 눈치를 보느라 정신없는 팔자이다.

2. 금(金) 일주가 토금(土金)이 많거나
    또는 금기(金氣)가 필요한 자
    (단 형살이 있을 때는 해당되지 않는다)

금은 철도나 일반 차에 해당되기 때문에 토금이 많으면 운수업에 해당되며, 또 금이 필요한 자는 운수업이 자기를 도와주기 때문에 운수업에 진출한다.

辛巳年 壬辰月 庚寅日 壬午時
신사년 임진월 경인일 임오시

금(金) 일주가 목화(木火)를 많이 가지고 있어서 목화에 종(從)을 한 사주로 비행기 조종사 출신이다.

사년(巳年)이나 신년(申年)에 비행기를 타면 사고가 난다. 사년에는 인사형(寅巳刑), 신년에는 인신충(寅申沖) 하기 때문이다.

대운이 좋지 못해서 사업은 못하고 조종사로 생애를 끝내게 된다.

【참고】 역마 지살에 형살이 임하거나 또는 지지에 형살이 있으면 운이 나쁠 때 교통사고가 자주 나므로 운수업에는 적합치 않다.

화(火)는 비행기나 전철에 해당되고 수(水)는 선박 계통, 토금(土金)은 육로 가운데 철도, 자동차에 해당된다.

여기에 해당되는 진학 학과
항공과, 해양학과, 수산학 및 교통에 관계되는 학과

종교 계통

1. 화토중탁(火土重濁)이나 금수쌍청(金水雙淸)인 자

　화(火) 일주 혹은 토(土) 일주가 화토(火土)를 많이 가지고 있으면 화토중탁격이라 하는데, 화(火)는 전부 화생토로 토기(土氣)에 모든 것이 집중된다.
　토기 자체가 종교와 인연이 많은데, 화토가 많아서 중탁(重濁)이라고 표현했으나 성격은 반대로 결벽증이 심하고 너무 깨끗한 팔자이다.
　금수쌍청은 금 일주나 수 일주가 금수를 많이 만날 때 해당되는데 직업은 종교, 예체능, 매스컴, 교육 계통에 종사한다.
　화토중탁도 직업은 마찬가지이다. 금수쌍청의 성격도 화토중탁과 같다.

 **戊戌年 戊午月 戊戌日 辛酉時**
무술년 무오월 무술일 신유시

무토(戊土) 일주가 화토(火土)를 많이 만나고, 재관(財官)이 없어 높은 스님이 되었다.

신왕(身旺) 사주로 금수(金水)가 용신이다.

이런 팔자는 무관(無官)이기 때문에 남의 간섭을 받지 않으며, 무재(無財)이기 때문에 돈을 모르고 오직 구도에만 전념하게 된다.

여기서 유념해야 할 것은 토(土)들이 조토(燥土)가 되어서 토생금(土生金)이 원활치 못하므로 상좌와는 보이지 않는 벽이 생기게 된다. 상좌와는 사이가 원활치 못함을 가리킨다.

 壬辰年 壬子月 辛亥日 己亥時
임진년 임자월 신해일 기해시

이 사람은 금수(金水)가 많고 술해(戌亥) 천문성(天文星)이 많아서 종교와 인연이 많다. 이 사주의 용신은 해중갑목(亥中甲木)이다.

따라서 목화(木火) 운에 일이 잘 풀어지고, 금수(金水) 운에는 세상살이가 꽉꽉 막힌다.

금생수(金生水), 수생목(水生木)까지 나가기 때문에 임기응변은 이 사람을 따라갈 사람이 없다.

고등고시를 합격하여 판사로 근무하다가 말년에 종교 재단의 책임자가 되었다.

이 사주의 흠은 처 관리는 잘 하는데 자식 관리는 잘 안된다. 이유는 아들에 속하는 화(火)가 이 수많은 수(水)에 의해서 불이 꺼지기 때문이다.

2. 사주에 인수(印綬)가 많거나 아니면 상식(傷食)이 많은 사람

인수가 많은 사람은 인수가 공부를 가르치니 평생 공부를 하게 된다. 평생 할 수 있는 공부는 종교, 철학이다.

따라서 종교인이 되며 상식이 많은 사람은 자연 신약(身弱)이 되기 때문에 의지처를 구해야 한다. 바로 이 의지처가 종교가 되며 또 상식은 남을 위해서 희생하는 것도 해당되어서 종교에 귀의하게 된다.

또 상식은 언론에도 해당되기 때문에 설교를 잘해서 종교 재단에 입신하게 된다.

실례

戊午年 癸亥月 乙亥日 丙戌時
무오년 계해월 을해일 병술시

인수가 사주에 많아서 독실한 불교 신자가 되었는데, 말년에 사찰을 건축하여 불교계에 헌납했다.

이 사주는 신왕(身旺) 사주로서 상식이 용신이다.

시주(時柱)에 있는 병술(丙戌)이 이 사주의 핵심이다.

인수가 많고, 상식이 잘 발달되어 있어서 종교와 인연이 많다.

사주에 수기(水氣)가 많아서 해운 회사를 경영했으며 말년에 대운이 좋아서 크게 성공했다.

이 사주의 흠은 무관(無官)이어서 자식 복이 없는 팔자이다.

3. 술해(戌亥) 천문성과 화개(華蓋)가 사주에 많은 자

술해 천문성은 그 자체가 종교와 연결되어 있으며 화개는 진(辰)·술(戌)·축(丑)·미(未)를 말하는데, 이것은 바로 종교를 의미하기 때문에 종교와 인연이 깊다.

丙戌年 戊戌月 丁未日 丁未時
병술년 무술월 정미일 정미시

정화(丁火) 일주가 화토(火土)가 많고 또 상식태왕(傷食太旺)이며 화개가 많아서 종교에 귀의한 팔자이다. 이 사주는 화토밖에 없으므로 화토가 용신이 된다.

단 축토(丑土)는 제외된다. 꽁꽁 언 땅에 농사를 지을 수 없기 때문이다.

4. 일주가 약하거나 또는 목화통명자(木火通明者)

일주가 약한 사람은 의지처가 필요하기 때문에 종교를 의지처로 생각해서 종교계에 입문한다.

목화통명자는 핵이 전부 화(火)로 집결하게 된다. 화(火)는 광명(光明)을 가리키기 때문에 세상의 빛과 소금 역할을 하게 되어 스님, 신부, 목사, 수녀에 입문하거나 종교에 관한 사업 또는 종교계에서 운영하는 학교와 인연이 깊다.

이러한 사람이야말로 명예와 돈을 모르기 때문에 진짜 종교인이라 할 수 있다.

 庚寅年 戊寅月 己卯日 己巳時
경인년 무인월 기묘일 기사시

기토(己土) 일주가 목(木)이 많아서 신약 사주이다.

화토(火土)가 필요한 팔자인데 다행히도 시주(時柱)에 사화(巳火)가 있어 이것이 용신이 된다.

또한 대단한 신약 사주여서 이것 또한 종교와 인연이 깊다.

관살태왕(官殺太旺) 사주로서 일생 직장 생활을 하여야 한다.

여기에 해당되는 대학 진학 학과

기독교학과, 불교학과, 철학과, 예술 계통, 신문방송학과, 사범대학 등

역학계

1. 의약 및 종교계에 해당하는 자와 인수신왕(印綬身旺)으로서 관성(官星)이 부족한 자

종교계에 해당되는 사람이 역학을 가까이 하는 것은 종교와 철학이 크게 보아 같은 범주에 속하기 때문이다.

의약계는 모든 사람의 병을 고쳐 주어 광명(光明)으로 인도하는데, 역학도 모든 사람의 행과 불행을 정확히 지적하여 사전에 불행을 예방해서 광명으로 이끈다는 점에서 서로 맥이 통하는 것이다.

다음으로 인수신왕에 관(官)이 부족한 자는 공부는 많이 하였으나 관이 부족하여 취직은 안되고 종교, 철학, 역학에 심취하여 평생 공부하게 된다.

 癸亥年 甲子月 乙丑日 丙戌時
계해년 갑자월 을축일 병술시

　인수를 많이 가지고 있고, 관이 부족하며 또한 술해(戌亥) 천문성도 있고, 목화통명(木火通明)으로 연결되어 동양 제일의 명리학자가 된 고(故) 전백인(全白人) 선생님의 사주이다.
　이 사주는 겨울에 태어나서 몸이 차가운데, 다행히도 시주에 병술(丙戌)이 있어 화토(火土)가 용신이 된다.
　전백인 선생님의 제자로는 김선형 선생님이 계시며 바로 김선형 선생님의 제자가 이석영 선생님으로, 이석영 선생님 때에 와서야 역학을 현대화시켜서 오늘날 역학이 이 정도라도 발전할 수 있는 기틀을 만들었다.

 癸卯年 甲子月 乙亥日 丁亥時
계묘년 갑자월 을해일 정해시

　사주에 인수가 많고 관(官)이 보이지 않으며, 술해(戌亥) 천문성이 2개나 있어 역학계에서 크게 성공한 고(故) 도계(陶溪) 박재완(朴在琓) 선생님의 사주이다.
　이 사주는 신왕 사주로서 화토(火土)가 용신인데, 이유는 사주 자체가 추워서 당장 화기(火氣)가 있어야 균형을 맞출 수 있으며 또한 설기처(泄氣處)가 필요하기 때문이다.

이 사주의 흠은 관이 없기 때문에 자식복은 없는 것으로 연결된다.

이 사주에 상식은 시간(時干)에 있는 정화(丁火)인데, 상식이 죽어 있기 때문에 수제자도 없는 것으로 본다.

그러나 시중에는 너도나도 도계 선생님의 제자라고 떠들고 다니니 알 수 없는 노릇이다.

2. 정기일생재관격(丁己日生財官格)이나 관살이 많은 자

정기일재관격은 직업으로 분류할 때 재정(財政), 법관, 의사, 역학에 해당되어 종교, 철학 및 역학에 종사한다.

관살(官殺)이 많은 사람은 자연 신약이 되어 일생 동안 쓴맛, 단맛을 다 보게 되며 외로움과 고통, 번뇌 때문에 결국은 종교, 철학, 역학에 심취하여 이것을 직업으로 선택하게 된다.

필자가 체험한 바로는 역학 쪽보다는 신(神)들린 무당 쪽에 이런 사람이 많다.

관살이 나쁜 작용을 할 경우 역학에서는 병이나 귀신으로 해석한다. 다시 말하면 귀신과 접촉하기 쉬운 체질을 갖고 태어났다는 이야기이다.

 戊午年 戊午月 丁巳日 己酉時
무오년 무오월 정사일 기유시

이 사주는 정기재관격에 해당되고 화토가 많아서 화토중탁격도 되는데 화(火)가 많아서 성격이 화끈하고, 말을 잘해서 크게 성공한 어느 역학자의 사주이다.

화기(火氣)가 충천해서 금수(金水)가 필요한 팔자인데 다행히 시주에 있는 유금(酉金)이 일지의 사화(巳火)와 합해서 금국이 되어 금수가 용신이 된다.

원칙은 금(金)보다는 수(水)가 필요한 사람인데 수가 없어서 금을 용신으로 썼다. 이런 경우를 대리 용신이라고 부른다.

 壬申年 己酉月 乙亥日 乙酉時
임신년 기유월 을해일 을유시

관살이 많아서 역학자가 된 팔자이다. 을목(乙木)이 해수(亥水)에 뿌리한다.

이 사주의 흠은 화(火)가 없어서 조후(調候)가 안 되어 있다.

이 사주의 좋은 역할을 하는 글자는 인(寅), 오(午)밖에 없다.

사화(巳火)는 이 사주의 핵심인 해수를 없애기 때문에 나쁘고, 미토(未土)는 해와 합해서 목국(木局)이 되기 때문에 미토, 즉 아내와 재산이 없어진 걸로 보아 좋지 않다.

묘목(卯木) 역시 이 사주의 조후에 도움이 되지 않기 때문에 나쁘다. 결국 연구만 하다가 평생을 보낸 어느 역학자의 사주이다.

3. 상식(傷食)이 많은 자나 술해(戌亥), 축인(丑寅)이 있는 자

상식이 많은 자는 자연 일주가 허약하여 일주를 보호해 주는 인수가 필요하다.

여기서 인수는 공부를 가리키는데 평생 인수가 필요하므로 일생 동안 공부하는 팔자이다. 따라서 평생 공부에 해당하는 종교, 철학에 심취하게 된다.

술해는 만인을 구제하는 천문성에 해당되어 종교, 역학과 인연이 깊다.

또한 축인은 하루로 보면 새벽 시간으로서 어둠이 물러가고 새로운 광명이 찾아오는 시간이다. 그리하여 만인을 구제하는 종교, 철학, 역학과 깊은 인연이 있게 된다.

庚午年 丙戌月 丁未日 甲辰時
경오년 병술월 정미일 갑진시

정미(丁未) 일주가 화토(火土)가 많고 상식을 많이 만나고 있으며 술해 천문성을 가지고 있다. 역학계에 입문하여 크게 성공한 김일장(金日場) 여사님의 사주이다.

정화(丁火) 일주가 화기(火氣)가 많아서 언변이 뛰어난 걸로 본다. 술월(戌月)에 태어났으므로 신약 사주가 되는데 용신은 목화(木火)가 된다.

일장(日場)이라는 이름 그대로 날마다 장이 열리고 손님이 인산인해를 이루었다.

이 사주의 흠은 수기(水氣)가 보이지 않아 남편 덕이 없다.

4. 시주(時柱)에 인수(印綬)가 있거나, 화개(華蓋)가 많은 경우 또는 목화(木火)가 많은 자

시주에 인수는 말년에 공부하는 것으로 되어 평생 공부인 종교, 철학, 역학에 종사하고, 화개는 종교와 통하기 때문이며, 목화가 많은 사람은 결국은 목생화(木生火) 하여 핵(核)이 화(火)로 집결된다. 화기(火氣)는 빛이요, 광명이요, 선견지명으로 연결되기 때문에 종교, 철학이나 역학을 연구하게 된다.

필자가 경험한 바로는 토(土) 일주(日主)가 시주에 인수를 가지고 있는 사람이 중·말년에 역학을 연구하거나 아니면 역학을 직업으로 택한 사람이 많음을 보아 왔다.

 丁巳年 乙巳月 丙辰日 辛卯時
정사년 을사월 병진일 신묘시

병화(丙火) 일주가 화(火)가 많고 시주에 인수가 있다. 명리학과 육효(六爻)에 통달하신 자강 이석영 선생님의 스승이신 김선형 선생님의 사주이다.

여기서 병신합(丙辛合)은 죽었다 깨어나도 이혼이 안 된다는 뜻이다. 부인이 도망가려고 발버둥 쳐도 합(合)이 되어서 도망가지 못한다. 여기서 용신은 목화(木火)가 된다.

김선형 선생님은 역학을 현대화시키는 데 큰 공을 세우신 분이다.

【참고】 역학계의 사주에 해당된다 하여 모두 역학자가 되는 것은 아니며, 역학을 이해하거나 또는 역학자가 집안에 있는 경우도 많다.

여기에 해당되는 진학 학과
종교학, 철학, 의학, 약학, 법학과 등

기생 팔자

1. 관살태왕자(官殺太旺者) 혹은 상식태왕자(傷食太旺者)

관살은 남편을 가리키는데 그것도 태왕(太旺)하면 동서남북에 남자가 있는 것이 되어 결국은 기생 팔자가 된다. 또 상식이 태왕하면 상식은 관(官)을 제거하므로 사주에 관이 부족하게 된다.

무엇이든지 부족하면 사람들은 탐을 내는데 결국은 남자가 그리워서 동서남북으로 이성(異性)을 찾아다니니 직업이 기생이 된다.

또 상식은 기술과 예술에 해당되어 춤추고 노래 부르다 보면 이것에 익숙해져 결국은 기생이 된다. 기생뿐만 아니라 다방의 종업원, 바걸 등도 다 여기에 해당된다.

 乙亥年 庚辰月 乙巳日 庚辰時
을해년 경진월 을사일 경진시

을목(乙木) 일주가 정관(正官)이 많고 일지(日支)에 애인도 끼고 있어 명암부집(明暗夫集)이 되므로 기생이 되었다.

월간(月干)과 시간(時干) 양쪽에 남편이 나타나 있고 지지로는 사중(巳中)의 경금(庚金)이 정부(情夫)가 되는데 을경합(乙庚合)으로 한번 연결되면 헤어지기가 어렵다.

또 일지에 애인(정부)이 있어 항시 남편한테 의심받고 사는 팔자이다.

목화(木火)가 용신이 되는데 직접 뿌리를 하지 못하고 간접 뿌리를 하고 있기 때문에 대단한 신약 사주이고[여기서 직접 뿌리는 목(木)이고 간접 뿌리는 화(火)가 된다] 따라서 여기 저기 떠돌아 다니면서 성씨마저 바꾸어 사는 팔자이다. 이 집에서는 미스 리, 다른 집에서는 미스 박이라고 부르게 되는 것이다.

그리고 재(財)가 살(殺)을 도와주므로 남편에게 급전을 만들어 줬더니 나중에는 바람 피웠다고 누명을 씌워서 쫓겨나게 된다.

관살(官殺)이 나쁜 역할을 하기 때문에 결혼한다고 가정하면 그때부터 고생문이 훤히 열린다.

戊寅年 戊午月 甲申日 庚午時
무인년 무오월 갑신일 경오시

갑목(甲木) 일주가 상식이 많고 뿌리가 없어서 사람이 아주 가

벼우며, 천하게 세상을 살아야 하는데 동두천에서 양공주 노릇을 했다.

식거선살거후격(食居先殺居後格) 혹은 제살태과격(制殺太過格)으로 금수(金水)가 용신이 된다.

또한 일지의 신금(申金)은 역마, 지살, 관(官)이 되므로 직업이 양공주나 포주 노릇을 하는 팔자이다.

이 팔자는 심장에 털이 난 사람으로 겁이 없으며 남편을 우습게 본다. 성격 자체가 막되어 먹은 여자이다.

관식투전(官食鬪戰)에 해당되므로[화(火)와 금(金)이 서로 싸운다] 건강은 두통, 신경통, 근육통을 끼고 산다.

그리고 친척들이나 형제간, 또는 부모하고도 일이 잘못되면 법원까지 일을 끌고 간다. 다시 말하면 골육상쟁을 서슴없이 할 수 있는 여자이다.

2. 도화(桃花) 인수 혹은 도화 관(官)에 해당한 자
[단 반드시 신약 사주이고 일(日)이나 시(時)에 있어야 한다]

도화는 바람기를 가리킨다. 따라서 도화 인수는 다른 공부는 못해도 기생 공부는 일등이기 때문에 해당되고 도화관은 직업이 기생임을 가리킨다(관이 직업을 뜻한다). 그렇지 않으면 만나는 서방마다 모두 바람둥이로 연결된다.

 丙子年 己亥月 乙卯日 乙酉時
병자년 기해월 을묘일 을유시

20세 이후에 기생 생활을 한 어느 여명(女命)의 사주이다.

기생 생활을 한 이유는 첫째, 을목(乙木) 일주 자체가 끼가 있고 둘째, 관(官)이 부족하여 많은 남자의 품을 그리워하게 되고 셋째, 도화관[유금(酉金)]과 도화 인수[자수(子水)]가 사주에 있으며 넷째, 조후가 안되어서 음지(陰地)나무(음지 생활)로 연결되기 때문이다.

이 사주는 조후(調候)가 우선이므로 목화(木火)가 용신이 된다.

그러나 이 사주의 화(火)는 자식에 해당되는데 화기(火氣)가 거의 없으므로 자식복도 없다 하겠다.

3. 수(水) 일주가 수기태왕(水氣太旺) 하거나 을목(乙木) 일주가 시(時)에 상관이 있으면서 관(官)이 부족한 자

수(水) 일주의 수기태왕은 자체가 음란하며, 관(官)이 부족하면 관을 필요로 하기 때문에 기생이 된다. 여명(女命)의 을목(乙木) 일주는 몸매가 유연하며, 바람둥이에 많고 노래를 좋아하고 춤도 잘 춘다.

그런데 시상상관(時上傷官)이 있으면 미스 김, 미스 리로 불리우는 심부름꾼에 해당된다.

여기에다 관(官)이 부족하면 관을 필요로 하기 때문에 기생이 된다. 기생뿐만 아니라 다방 종업원, 바걸에도 이런 사주가 많다.

 丁未年 壬子月 壬子日 己酉時
정미년 임자월 임자일 기유시

처음에는 다방의 카운터를 보다가 비겁 도화의 영향으로 친구를 잘못 만나 유흥업소에서 평생을 보낸 어느 여인의 사주이다.

이렇게 유흥업소를 전전한 이유는 첫째, 수기(水氣)가 많아서 성감이 발달되어 있고 둘째, 비겁 도화, 인수 도화 등 도화가 사주에 많아서 남자의 품이 그립기 때문이다.

그 다음 태평양같이 넓은 바다가 사주에 형성되어 있다. 그것은 현실로는 유랑 생활로 연결되며, 어떤 남자든지 이 사주에 걸리면 다 떠내려가게 되어 있다. 수다토류(水多土流) 현상이 벌어지기 때문이다.

미토(未土)가 서방에 해당되는데 연지와 월지에 있는 자미(子未)의 영향으로, 서방이 아니라 원수가 되기 때문에 종래는 평화로운 한 가정을 이루고 살 수 없다.

이 사주는 금수(金水) 패턴으로 금수가 용신이 된다.

 丙戌年 乙未月 乙巳日 丙子時
병술년 을미월 을사일 병자시

을목(乙木) 일주가 시상상관(時上傷官)을 놓고 관(官)이 전혀 없어 기생 생활을 한 어느 여인의 사주이다.

화기(火氣)가 충천하기 때문에 꽃으로만 살다가 가야 할 팔자이며, 화기가 강하기 때문에 술을 많이 먹어도 잘 취하지 않는다.

남편은 없어도 항시 애인은 있는 팔자이다. 사중(巳中)의 경금(庚金)과 을경합(乙庚合) 하고 있기 때문이다.

이러한 팔자는 상식이 많기 때문에 아랫 사람과 인연이 많아서 결국은 포주가 된다.

이 사주의 용신은 목화(木火)이다.

여기에 해당되는 대학 진학 학과
예체능 등 인기 직업 학과

[제2부]

건강과 질병

건강과 질병

 건강은 우리가 사회생활을 하는데 필수 조건으로 성격의 변화, 행복과 불행, 심지어는 수명의 장단에까지 직접적인 영향을 끼치고 있으므로 누구나 선상하고자 갈망하게 마련이다. 역학적으로 나타난 체질에 대한 깊은 연구로 치료는 물론 예방의학에 힘써 주기 바란다.
 보편적으로 보면 신왕자(身旺者)는 건강하나 신약자(身弱者)는 잔질이 많다. 춘하절(春夏節)에 출생되었거나 혹은 목화(木火)가 많은 사람은 몸이 따뜻하며, 추동절(秋冬節)에 태어났거나 혹은 금수(金水)가 많은 사람은 몸이 차갑다.
 때로는 금수가 많은 사람이 몸이 뜨겁다고 하는데, 이것은 감기에 걸린 사람이 열이 많이 나는 것처럼 허열(虛熱)에 해당되니 참고하기 바란다. 그런 사람일수록 오장육부는 차디차다는 것을 명심해야 한다.

　주중(柱中)의 목(木), 화(火), 토(土), 금(金), 수(水)의 오행(五行) 중 어느 것이든 태과불급(太過不及)은 모두가 병이 되고 있다.

　크게 나누어 본다면 아래와 같이 이상이 생긴다.
　· 목(木)이 나쁘면 간, 담
　· 화(火)가 나쁘면 심장, 소장
　· 토(土)가 나쁘면 비장, 위장
　· 금(金)이 나쁘면 폐장, 대장
　· 수(水)가 나쁘면 신장, 방광

　간, 심장, 비장, 폐, 신장은 음(陰)에 속하며 우리 몸의 노폐물 및 기타를 걸러 내는 작용을 한다. 담, 소장, 위장, 대장, 방광은 양(陽)에 속하며 모든 음식물 또는 노폐물을 통과시키는 역할을 한다.

　또 목화(木火)가 많은 자는 외양내음(外陽內陰)이 되며, 금수(金水)가 많은 자는 외음내양(外陰內陽)이 된다. 오행의 조화가 잘 균형을 이루고 있으면 오장육부가 모두 따뜻하나, 오행이 균형을 잃고 거기에 금수(金水)가 태과하면 내외가 모두 차가운 체질이 된다. 이와 같은 것을 동양의학에서는 사상(四象) 체질이라 하여 환자 치료에 많은 응용을 하고 있는 실정이다.

　다음으로 병이 발생되는 데에는 선천적인 것과 후천적인 것으로 나눌 수가 있다.

자기의 사주팔자로 인해서 병이 발생하는 것이 선천적인 것이요, 따라서 유전적이라 볼 수 있다. 그런 반면 대운에 의하여 병이 생겼다가, 그 운이 지나가면 자연적으로 치료되는 것을 후천적으로 본다. 선천적인 질병도 운이 좋을 때는 일단 잠복하였다가 운이 나쁠 때는 잠복된 병뿐만 아니라 연쇄반응처럼 다른 병까지 유발시킨다.

운기(運氣)에 의하여 건강이 좌우된다는 것은 공기 속에 오행이 모두 있기는 하나 화년(火年)에는 화기(火氣)가, 금년(金年)에는 금기(金氣)가 가장 많이 지배하기 때문에 공기가 건강에 결정적인 영향을 미치고 있는 것이다.

예를 들어 보겠다. 2008년~2009년은 무자(戊子), 기축(己丑)년에 해당되는데 이때는 연 2년간이나 금수(金水)가 지배하였으므로, 누구를 막론하고 이 대기권 안에 있는 한 금기(金氣)와 수기(水氣)가 피부와 접촉이 됨은 물론 호흡함으로써 금기와 수기가 체내에 축적되었다. 그 축적된 금기와 수기가 체내의 가장 허약한 상태의 어느 한 부분을 손상시킬 때 그것이 바로 병으로 나타난다.

다시 말하면 금수운(金水運)에 목(木)이 피상(被傷)되면 간이나 담이 나빠지고, 화(火)가 피상되면 심장과 소장이 나빠지고, 토(土)가 허약하여지면 위장과 비장에 병이 오고, 금수(金水)가 허약하거나 너무 태과(太過)하면 폐, 대장, 신장, 방광 등이 나빠진다.

때로는 운(運) 가운데 금기(金氣)가 본 사주팔자의 태왕한 목화

(木火)에 의하여 파괴되면 오히려 금(金)에 소속된 병이 발생한다. 이러한 것을 가리켜 후천성이라 표현하나 그 운이 지나가면 자연 소멸되므로 염려할 것은 없다.

현대 의학에서는 발병된 그 자체만을 중요시하다가 차츰 예방의학으로 전환하고 있는 추세이나, 역리(易理) 의학에서는 발병된 원인을 구체적으로 정확하게 분류할 수 있기 때문에(자손으로 인하여 심장에 병이 왔다든가, 또는 금전으로 인하여 정신이상이 왔다든가 등등) 정신의학적인 면에서도 앞서 있다.

뿐만 아니라 몇 살에 가서 무슨 병이 어떠한 일로 어떻게 발병되며, 기간은 얼마이고 조치는 어떻게 취하여야 할지를 알게 되어 있다. 그러므로 예방 의학적인 면에서도 현대과학의 소산인 양의학 역시 도저히 따라올 수 없는 좋은 학문인 것이다.

건강은 물론 모든 것의 길(吉)과 흉(凶)이 타(他)가 아닌 자신으로부터 시작되고, 또 자신에게서 모든 것이 끝나게 된다는 것을 다시 한 번 명심하도록 한다. 타인을 원망하고 질투하기 전에 나를 돌아보고 생각하는 습관을 형성함으로써 자기가 도달하고 싶은 목표를 달성하고 심신에 안정을 찾기 바란다.

따라서 물건을 도둑 맞는 경우에도 도둑놈만을 원망하지 말고 자기 몸에서 도적을 불러들일 수 있는 기(氣)가 발산되기 때문이라는 것을 생각하여, 모든 것이 자기 책임이라는 것을 거듭 마음속에 새기기 바란다.

그 다음 양약과 한약을 크게 대별하여 보면 양약은 대부분이 임시방편이기 때문에 치료 효과가 빠른 반면에 다른 기관에 부담을 주어 다른 병을 유발시킨다.

너나 할 것 없이 우리 한국 사람은 전부 성질이 급하다. 그래서 몸에 조그만 이상이 생기면 즉시 약국에 가서 약을 사 먹고, 그래도 계속 낫지 않으면 그때 병원에 가서 치료를 받게 된다. 양약은 한국 사람의 성질과 기호에 맞아 떨어져서 아주 잘 팔린다.

성질이 급한 사람이 정직하기는 하나 남의 입장을 고려하지 않고 그대로 내뱉는 말들로 상대방에게 큰 상처를 주게 된다. 그처럼, 즉석에서 고쳐지는 약은 그대로 다른 기관을 강타해서 타 기관의 병을 유발시키는 것이다.

그런데 한약은 몸의 균형을 맞추는 네 초섬이 있기 때문에 치료가 느리고 효과 또한 단기적으로는 적다.

그러나 이것은 원인 치료를 하기 때문에 장기적으로 볼 때 부작용이 적다고 볼 수 있다.

우리의 육체는 소우주라 할 수 있는데 이제 이 소우주 속에서 일어나는 상생(相生)과 상극(相剋) 작용을 우리 몸과 대비해서 논하기로 하자.

상극적인 면에서 보면 신경은 목(木)에 해당되는데 신경을 많이 쓰면 목극토(木剋土)의 현상으로 배가 아프게 된다.

따라서 신경을 많이 쓰게 되면 "아이고 배야" 하고 화장실로 가게 되고, 또한 신경을 많이 쓰면 허리[허리도 토(土)에 해당된다]도 나빠진다.

또 목(木)은 간이나 담(쓸개)에 해당되는데, 간 치료를 잘못하면 역시 목극토의 현상으로 위장병이 생기게 된다.

화(火)는 심장과 소장에 해당되는데 심장 약을 너무 많이 먹으면 심장은 어느 정도 강화되나, 화극금(火剋金)의 현상으로 대장, 기관지, 폐 등에 이상이 생기게 된다.

토(土)는 위장과 비장에 해당되는데 위장약을 너무 많이 먹으면 위가 무력해져서 위근무력증에 걸리거나 토극수(土剋水)의 현상으로 신장과 방광이 나빠진다. 또한 음식을 너무 많이 먹으면 토(土)가 강해지므로 배설기관(방광)이 고장나는 이치로 이해하면 된다.

금(金)은 폐나 대장, 기관지에 해당되는데 폐나 기관지를 고치기 위하여 약을 과다하게 쓰면 간이 나빠져서 병이 가중케 된다. 이는 금극목(金剋木)의 현상임이다.

수(水)는 방광, 신장에 해당되는데, 신장·방광 약을 많이 먹으면 수(水)가 화(火)를 치는 수극화(水剋火)의 이치로 심장이 나빠진다. 따라서 심장이 나쁜 사람이 배설기관을 고치기 위해서 약을 쓸 때는 각별한 주의를 요한다.

이와 같은 이치로 목(木)이 너무 실하면(튼튼하면) 목극토(木剋土)의 이치로 위장이 허하여지고, 화(火)가 너무 실하면 화극금(火

剋金)의 이치로 폐나 기관지가 허약하고, 토(土)가 너무 실하면 토극수(土剋水)의 이치로 방광과 신장이 나빠진다.

다시 말을 바꾸면 토(土, 위·비장)가 지나치게 강하면 소화기관이 너무 좋아서 많이 먹게 되므로 결국은 방광과 신장(배설기관)이 고장 날 수밖에 없고, 금(金)이 너무 실하면 상대적으로 금극목(金剋木)의 이치로 간이 허약하고, 수(水)가 너무 실하면 수극화(水剋火)의 현상으로 심장이 허약하게 된다.

이 정도로 상극(相剋)을 이야기하고 이제 상생(相生)에 대해서 논하기로 하자.

목(木)은 화를 생하는데[목생화(木生火)] 목에 속하는 간이나 담이 허약하면 목생화를 하지 못하므로써 심장까지 동시에 나빠지고, 심하면 화(火)의 기능이 약해지므로 위장에까지 그 영향을 미치는 경우도 있다.

반대로 목이 어느 정도 튼튼하면 목생화를 잘 함으로써 심장도 튼튼해진다.

화(火)는 심장과 소장에 해당되는데, 이 기관이 약하면 화생토(火生土)가 여의치 않으므로 위장과 허리가 동시에 나빠진다.

이와 반대로 심장이 균형을 유지하면 화생토의 이치로 허리와 위장도 좋아진다. 어느 재벌 총수가 허리가 안 좋다고 하기에 말을 타기를 권했더니[말은(馬) 화(火)에 해당된다] 허리가 아주 좋아졌다는 소식을 전해 온바 있다.

토(土)는 위장과 허리에 해당되며 이 기관이 허약하면 토생금(土生金)이 여의치 않으므로 폐, 대장, 기관지가 나빠진다. 하지만 상대적으로 토가 균형을 이루고 있으면 토생금의 이치로 폐나 대장도 튼튼하다고 볼 수 있다.

금(金)은 폐나 대장, 기관지에 해당되는데 이 기관이 허약하면 금생수(金生水)가 잘 되지 않으므로 동시에 방광, 신장 등 배설기관까지 이상이 생기게 된다. 이와 반대로 금(金)이 균형을 이루어서 금생수가 잘되면 동시에 배설기관까지 좋아지는 것이다.

수(水)는 방광과 신장에 해당되는데 이 기관이 허약하면 수생목(水生木)이 안되므로 간이 나빠지며, 상대적으로 방광과 신장이 균형을 이루고 있으면 자동적으로 간은 튼튼하게 되어 담력과 배짱이 생기게 된다.

이처럼 우리 몸은 개체가 전체이며 전체가 각각의 개체와 연결되어 있다. 서양에서 요즈음 거론하는 통합 의학(Holistic medicine)이라는 말이 있는데, 이것은 전체적으로 통합적·전인적으로 파악하여 치료하는 의학으로 최근 대단히 중요시되고 있다.

통합 의학은 1960년대부터 의학계 일부에서 제창되기 시작한 것으로써, 근대 의학은 개별적 전문가의 경향이 강하기 때문에 인간을 전체적으로 받아들여 치료하지 않으면 반대로 균형을 잃어버리게 된다.

다시 말하면 살아 있는 전체로서 인체를 이해하는 것이 필요하다는 것을 서양 의학자들도 깨닫고 있다는 뜻이다.

17세기 철학자이며 과학자인 데카르트 이래 사물을 분화하여 생각하는 경향이 생긴 것이다. 그로 인해 마음과 몸은 별개의 것이라고 과신하게 되었다.

이것은 실제로 구체적인 인간의 활동을 추구하여 보면 결코 그런 것이 아님을 알게 된다. 인체의 모든 기관은 전체 가운데서 활동하고 있다. 중국에서는 이미 '기(氣)'라는 단어를 통해서 이것을 익히 알고 있었다.

오늘날 이것이 점차 많은 사람들에게 관심을 사게 된 이유는 육체나 마음을 부분적으로 취급할 것이 아니라, '커다란 전체의 형태'로서 이해하는 것이 중요함을 깨달았기 때문이다.

개별적 격파 작전을 강조한 오늘날의 현대 의학은 수술이라고 하는 형태로는 인류에 많은 공헌을 했지만 '이 사람이 왜 이렇게 아픈가?' 또는 '이 병이 어떻게 전개되어 나갈 것인가?' 등 미래에 대한 예측은 불가능하기에 어느 한계점에 도달해 있지 않는가 하고 생각해 본다.

현대 의학이 가장 발달한 국가가 미국이다. 그러나 인구 비례로 볼 때 가장 아픈 사람이 많은 곳이 또한 미국이다. 이러한 사실이 인류가 나아갈 의학의 방향을 제시해 주고 있지 않나 생각된다.

그렇다고 해서 지금껏 인류를 위해서 많은 공헌을 해 온 현대 의학을 전면 부인하는 것은 아니다.

다만 개별적으로 분석해서 그 부분만을 추구해 온 현대 의학은 우리 몸을 전체로 보아서 해결하려고 하는 방향으로 나아가야 하지 않을까 하는 뜻이다.

현재 우리나라는 병원 문턱이 높아서 종합병원 같은 데는 몇 시간 기다리는 일은 기본이고, 유명한 의사인 경우에는 몇 달씩 기다리는 것이 예사이다.

이러한 상황을 볼 때 침 같은 것을 전문적으로 하거나, 기 치료를 전문적으로 하는 단기 코스를 국가에서 빨리 개발해서 국민에게 서비스해야 한다. 숨어 있는 민간의 특수 요법을 국가에서 전부 흡수하여 체계화하여야 한다.

침은 한의사 외에는 사용하지 못하도록 하고 있으나, 실제로는 간판이 있든 없든 허가증이 없는 사람도 그대로 영업을 하고 있는 것이 현 실정이다. 심지어는 명의로 소문난 어느 의사가 기 치료로 자신의 병을 치유하는 것을 지켜보면서 착잡한 심정을 금할 수 없었다.

이렇게 숨어 있는 특수 비법들을 국가에서 전부 흡수해서 준의료법을 만들고 이것을 독자적으로 계속 발전시킨다면 세계에서도 우선적으로 우리 민족이 의료계의 새로운 장을 여는 데 기여하지 않을까 생각된다.

국가에서는 6년의 의과대학 정규 코스를 통과하지 않으면 자격이 없기 때문에 안 된다고 하나, 만약 단기 코스를 밟은 사람이 치료하다가 환자를 더 악화시킨다든지 또는 죽게 만들면 거기에 맞는 의료법을 만들어 처벌하면 된다.

현대의 정규 과정을 거쳐 자격증을 소유한 의사 역시 사람을 죽이기도 하고, 그러면 의료법에 의해서 처벌받고 있는 것은 마찬가지이다.

요즘 약사와 한의사들이 싸움을 하는 것을 볼 때, 그들이 국민들을 위해서 싸우는지 아니면 자신들의 밥그릇을 보존하기 위해서 싸우는 것인지 한심한 생각이 든다.

다음으로 병이 생기는 요인은 주택의 입지 조건도 중요한 몫을 하고 있다. 집안에 습기가 많고 일조량이 부족하면 자연 식구들의 건강이 나빠지게 마련이다. 또 오염된 수질 및 공기도 건강을 악화시키는 데 한몫을 하고 있다.

체내에 축적된 더러운 것은 육체뿐만 아니라 정신에 미치는 영향도 커서 질병을 유발함은 물론 성격마저도 난폭하게 만드는 것이다.

따라서 여기에 대한 계획적이고 조직적인 예방 및 관리가 중요하다고 볼 수 있다.

또 우리 인간은 출생 당시부터 어떠한 병에도 자연적으로 치료될 수 있는 저항력을 내재하고 있음에도, 조금만 아프면 약국이나 병원을 다반사로 찾는다. 이 저항력을 키우기 위해서도 운동요법이나 또는 정신요법을 통해서 자연 치유하는 것이 최선의 길이라 본다.

더 나아가 치료의 방법에는 정신요법과 물리요법, 그리고 환경요법이 있는데 그중에서도 정신요법이 가장 큰 비중을 차지하고 있다. 어떠한 질병이든 우선 극복하겠다는 자세가 중요하며 이 세 가지가 모두 합치될 때 비로소 이상적인 치료라 할 수 있겠다.

보편적으로 체내에 부족한 것이 생기면 자연적으로 먹고 싶다는 마음이 생긴다. 먹고 싶은 것을 먹는 것도 양약(良藥)이 되며 또한 매일같이 먹고 있는 음식도 약이라는 측면으로 본다면 모두가 좋은 약이라 할 수 있다. 그러나 무엇이든 과하면 병이 되니 주의하여야 된다.

동양의학과 서양의학이 서로 주장을 달리하고 있으나, 오래지 않아 서로가 이해하고 상부상조하면서 인명 구조와 예방의학에 크게 공헌할 날도 멀지 않았다고 본다.

다음은 오행(五行)별로 인체에 소속된 부위를 기록하니 참고하기 바란다.

 간, 담(쓸개), 두뇌, 신경, 인후(목구멍), 수족(손발), 모발, 풍질(風疾), 촉각, 림프샘, 결핵, 혼(魂)

화(火)　심장, 소장, 시력, 시각, 안면(顔面),
혀, 혈압, 체온, 열병, 가슴,
정신, 산(散=흩어짐을 가리킴)

토(土)　비(지라), 위, 가슴, 허리, 어깨, 근육, 습진,
입, 미각, 당뇨, 결석, 암

금(金)　폐, 대장, 기관지, 해수(기침), 골격, 피부, 치아,
코, 취각(후각), 치질, 맹장, 장질부사(장티푸스),
조혈, 혈질(血疾), 생리통,

수(水)　신장(콩팥), 방광, 신기(腎氣), 비뇨기, 생식기,
귀, 청각, 수분, 한랭(寒冷)

　결론적으로 보면 사주(四柱)가 잘 조후(調候)되어 있고 신왕(身旺)하며 동시에 10년마다 바뀌어지는 대운(大運)에서 운이 좋게 들어오면 건강하다 할 수 있다.

　신약(身弱)하다 하더라도 좋은 운이 들어와서 어느 정도 균형이 맞추어지면 운도 좋을 뿐 아니라 건강도 좋아진다.

　건강과 질병은 서로 상대적이니 병에 걸린 지 3년이 되면 회복하는 데도 3년이 걸려야 완전한 치료가 된다는 것을 참고삼아, 느긋

하게 마음먹기 바란다.

　현대 의학에서도 내과, 외과, 이비인후과 등 각 분야별로 나누듯이 명리학에서도 사주를 가지고 각 분야별로 나누어 정리해 보도록 하겠다.

신경정신과

1. 목화토(木火土) 일주(日主)의 사주가 심히 약할 때

목(木)은 뇌에 해당되고 화(火)는 정신에 해당된다. 목이 약하면 목생화(木生火)가 여의치 않으므로 화에 해당하는 정신이 혼미하여지고, 화가 약하면 화 자체가 정신이므로 정신이 약해진다. 또 토가 약하면 화가 화생토(火生土)를 계속해야 하기 때문에 화가 결과적으로 약해져서 정신이 혼미하게 된다.

 壬子年 戊申月 丁酉日 乙巳時
임자년 무신월 정유일 을사시

정화(丁火) 일주가 금다(金多)로 신약이면서 화식(火息)되어 화

(火)가 몰광(沒光)되므로 정신이상으로 고생하였다.

2. 목화수(木火水) 일주의 사주가 심히 왕(旺)한 자

목(木)은 신경에 해당되는데 목이 너무 왕(旺)하면 신경이 굳어버리고, 화(火)가 너무 왕하면 태과(太過)에 해당되어 정신이 없고 수기(水氣)가 왕하면 수극화(水剋火)의 현상으로 화에 해당되는 정신이 파괴된다. 또 수기태왕(水氣太旺)은 청각 작용이 특출하여 남이 들을 수 없는 것까지 들을 수 있으니 신(神)들리기 쉽다.

壬子年 癸丑月 壬子日 癸卯時
임자년 계축월 임자일 계묘시

임수(壬水) 일주가 자축(子丑) 수국(水局)으로 수기(水氣) 태왕하고 또 수목응결(水木凝結)되어 젊은 나이에 신이 들렸다.

3. 귀문관살(鬼門關殺) 놓은 자

귀문관살(자유^{子酉}, 인미^{寅未}, 축오^{丑午}, 묘신^{卯申}, 진해^{辰亥}, 사술^{巳戌}이 해당) 놓은 자(者)는 운이 나쁠 때 머리가 지나치게 영리하여 도를 넘어서기 때문에 정신질환을 겪게 된다.

丙子年 丙申月 己卯日 庚午時
병자년 병신월 기묘일 경오시

기토(己土) 일주가 재살(財殺) 태왕으로 신약한 중에 묘신(卯申) 귀문관살이 있어 정신병에 걸린 적이 있는 사람이다.

4. 관살태왕자(官殺太旺者)

자연히 신약(身弱)이 되기 때문에 위축되고 기를 펴지 못하며, 또한 살(殺)은 귀신에도 해당되기 때문에 귀신 들리기 쉬워 정신질환이 생긴다.

 壬子年 癸卯月 戊午日 癸丑時
임자년 계묘월 무오일 계축시

무오(戊午) 일주가 관살태왕으로 심히 허약한 중에 일시(日時)로 귀문관살이 있어 정신 질환을 앓아 본 사주이다.

※ 위 4가지 경우 모두 두통이 생기기 쉽다.

안과

1. 목화토(木火土) 일주가
재살다봉(財殺多逢)에 신태약자(身太弱者)

화(火)는 눈에 해당되는데 목(木)이 재(財)나 살(殺)이 많아서 신약하면 목생화(木生火)를 못하여 눈이 나쁘고, 화(火) 자체가 눈이기 때문에 화가 나쁘면 자동으로 눈이 나쁘게 된다.

화 일주가 재살다봉함은 신약함을 이야기하므로, 자연히 화가 약해져 눈이 나쁘게 된다.

토(土) 일주 재살다봉은 수목(水木)이 많다는 뜻인데 따라서 토가 약해지므로 화(火)가 화생토(火生土)를 많이 해야 하기 때문에, 화에 해당되는 눈이 약해진다.

乙巳年 戊子月 丙申日 辛卯時
을사년 무자월 병신일 신묘시

병화(丙火) 일주가 신자(身子) 수국(水局)으로 재살태왕(財殺太旺) 하고 사신(巳申)으로 형(刑)하고 있어 맹인이 되었다.

2. 화(火) 일주의 화(火)가 태왕하거나
   또는 사주에 있는 화(火)가 형(形)이나 충(沖)을 당한 경우

화(火)가 너무 많으면 도를 넘어서기 때문에 오히려 눈이 나쁘고, 형이나 충을 당하면 화가 피상되기 때문이다.

戊子年 丁巳月 辛亥日 庚子時
무자년 정사월 신해일 경자시

신금(辛金) 일주가 정사월(丁巳月)에 태어났는데 계속 화(火)가 충극(沖剋)을 당하여 맹인이 되었다.

3. 사주에 있는 정사(丁巳)가 금수(金水)에 피상되는 경우

병오(丙午)는 소장에 해당되고 정사는 심장에 해당된다. 심장은

눈과 직결되어 있기 때문에 심장이 나빠지면 시력장애 현상이 일어난다. 특히 백내장은 화를 많이 내는 사람한테 나타난다.

한편 여자들이 눈이 커 보이기 위해서 쌍꺼풀 수술을 많이 하는데, 화(火)가 부족한 사람은 도움을 받지만 화가 나쁜 작용을 하는 경우에는 화다수몰(火多水沒) 현상으로 이혼하게 되니 주의하기 바란다.

또 1996년 병자년(丙子年), 1997년 정축년(丁丑年)은 수(水)가 당권(當權)해서 수극화(水剋火) 하므로 눈병 환자가 많이 발생되었다.

癸亥年 丁巳月 壬申日 庚子時
계해년 정사월 임신일 경자시

임신(壬申) 일주가 사월(巳月)에 태어났으나 너무 춥게 사주가 형성되어 있고, 눈에 해당되는 월주(月柱)의 정사(丁巳)가 몰광되어 맹인이 되었다.

이비인후과

※ 코·귀·목은 서로 통해 있다. 따라서 동시에 치료하여야 한다.

1. 사주에서 금수목(金水木)이 약하고 또다시 형(刑)이나 충(沖)이 있는 경우

오행(五行)에서 금(金)은 코에, 수(水)는 귀에, 목(木)은 인후에 해당되는데 금수목이 약한 가운데, 또다시 형충을 당하면 코나 귀나 인후가 약해질 수밖에 없다.

 己酉年 丙子月 乙卯日 己卯時
기유년 병자월 을묘일 기묘시

목(木) 일주가 수목응결(水木凝結)로 신왕한 가운데 주중(柱中)에 금(金)이 없고, 용신이 화(火)인데 화(火)마저 자좌살지(自座殺地)에 놓여 있고 자묘형(子卯刑) 하고 있어 안질과 편도염으로 고생하였다.

2. 금수목(金水木)이 태왕한 자

지나치게 태왕(太旺)한 것도 역시 병이 됨으로 이비인후과 질환이 발생된다.

목(木)이 많아서 그것이 병이 되어 있는 경우에는 신경(역시 목에 해당한다)을 많이 썼다 하면 편도샘이 부어오른다.

금(金)이 정도를 넘어서서 많거나 아니면 거꾸로 약해지는 경우에는 취각(후각)에 장애가 생기고 축농증이 발생된다.

코가 좌우로 굽어 있고 수(水)가 너무 많은 것도 병이 되어 수에 해당되는 귀에 병이 생긴다. 습해지면 귓속이 깨끗치 못하다.

戊子年 甲子月 壬子日 庚子時
무자년 갑자월 임자일 경자시

임수(壬水) 일주가 자월(子月)에 태어나서 금수(金水)로 종(從)하는 사주인데 수기태왕(水氣太旺)으로 귓병을 앓은 일이 있다.

치과

1. 사주에 금(金)이 허약하고
   또다시 형(刑)이나 충(沖)이 있는 경우

오행으로 금(金)은 골격(骨格)과 치아에 해당되는데, 사주에 금이 약한 가운데 또다시 형이나 충이 임하면 치아가 나빠질 수밖에 없다.

 壬午年 丁未月 辛巳日 辛卯時
임오년 정미월 신사일 신묘시

신금(辛金) 일주가 목화(木火)에 종(從)하는 사주이다.
일간(日干)의 신금과 시간(時干)의 신금이 치아에 해당되는데,

뿌리를 다하지 못하여 치아 때문에 고생한 사주로 하묘미(夏卯未)로 인해 급각살 작용까지 첨가되었다.

2. 급각살(急脚殺) 또는 단교관살(斷橋關殺) 놓은 자

이 살(殺)들은 골격과 치아를 상하게 하는 흉살(凶殺)로, 급각살은 다쳐서 치아가 상하고 단교관살은 풍치로써 치아가 나빠지는데, 전자와 후자가 중복되면 틀림없이 치아가 나빠진다.

己丑年 辛未月 辛未日 戊戌時
기축년 신미월 신미일 무술시

신금(辛金) 일주가 미월(未月) 미일(未日)에 태어나 이중으로 급각살이 있는 중에, 다봉토(多逢土)되어 단 것을 너무 많이 먹음으로 인해 치아가 부실해져 고생한 사주이다.

기관지 및 폐
— 흉곽 내과 —

1. 사주에서 금(金)이 허약하고 피상되어 있을 때

금(金)은 폐나 기관시에 해당되는데, 금이 약하면 폐나 기관지가 약해지고, 거기다 형충(刑沖)을 당하면 더욱 약하여지게 된다.

 丙寅年 庚寅月 戊午日 甲寅時
병인년 경인월 무오일 갑인시

무오(戊午) 일주가 관인(官印) 상생이 되는 관리의 사주이다. 월상(月上)의 경금(庚金)이 기관지 및 폐에 해당되는데, 경금이 피상당해서 폐와 기관지가 좋지 않다.

2. 목화태왕자(木火太旺者)

목화(木火)가 태왕하면 자연히 금(金)이 몰(沒)하기 때문에 금에 해당되는 폐나 기관지가 나빠진다.

甲寅年 庚午日 戊午日 乙卯時
갑인년 경오일 무오일 을묘시

무오 일주가 신왕(身旺)하는 사주인데, 월상(月上)의 경금(庚金)이 피상되어 기관지가 나빠져 고생한 사주이다.

3. 수목(水木)이 응결된 자

수목이 같이 있으면 핵(核)이 목(木)으로 집결되는데, 목이 많으면 목다금결(木多金缺)의 현상으로 금(金)이 파괴되어 폐나 기관지가 나빠진다.

乙卯年 戊子月 乙亥日 己卯時
을묘년 무자월 을해일 기묘시

수목(水木)이 응결되어 자율신경이 굳어지면 혈액순환에 문제가 생긴다. 시상(時上)의 기토(己土)가 죽어 있어 허리와 위장이 나쁜 데다, 금(金)이 이 사주에 나타나 있지도 않다. 설사 대운에서 금이 들어온다 하더라도 수많은 목(木)에 의해서 목다금결(木多金缺)이 되므로 일생 동안 기관지로 고생한 사주이다.

4. 수(水) 일주가 사주의 지지에 화국(火局)을 놓을 때

화다수증(火多水蒸)의 현상으로 수(水)가 약해지는데 이때 금(金)은 금생수(金生水) 하느라 약해질 뿐만 아니라 또 화(火)가 바로 화극금(火剋金) 하므로 금에 해당되는 폐나 기관지가 피상된다.
여자인 경우 금이 피상되므로 생리통이 발생되며 월경량이 부족하게 된다.

甲午年 庚午月 癸巳日 壬子時
갑오년 경오월 계사일 임자시

월상(月上)의 경금(庚金)이 폐나 기관지에 해당되는데, 화국(火局)에 의하여 피상되어 오랫동안 폐병을 앓았다.

심장 및 혈압

사주 중에서 화(火)가 너무 약하거나 너무 왕하게 형성되면 심장 및 혈압에 이상이 생기게 된다. 신왕자(身旺者)는 대체적으로 고혈압에 해당되고, 신약자(身弱者)는 저혈압에 해당된다.

화가 약하여 오는 병은 ① 저혈압 ② 심장판막증 ③ 협심증 등이 있는데, 화(火) 일주(日主)가 아니더라도 일주가 지나치게 약하면 저혈압 증세가 있으며, 또 반대로 화기가 태왕하면 ① 고혈압 ② 심장확대 ③ 화를 많이 내서 생기는 울화병이 있다.

여자들이 심장판막증에 해당되는 경우는 아기를 낳으면 목숨을 잃게 되기 때문에 이 문제는 심사숙고해서 결정하여야 한다. 여기에 해당되는 사주로는 병오(丙午) 일주보다 정사(丁巳) 일주가 이 경우에 해당된다.

1. 목화(木火) 일주가 심히 약하거나 반대로 화기태왕자(火氣太旺者)

오행으로 화(火)는 심장에 해당되는데, 목(木)이 허약하면 목생화(木生火)가 여의치 못해서 화에 해당되는 심장이 약해지면서 동시에 저혈압이 발생한다.

화가 심장이기 때문에 화가 약하면 심장 자체가 약한 걸로 봐야 하며 토(土)가 약해도 역시 화생토(火生土) 해야 하기 때문에 화가 약해져서 심장이 나빠진다.

반대로 화기가 태왕하면 다자무자(多者無者)의 원칙에 따라 심장병 질환이 발생된다.

甲午年 庚午月 丙申日 甲午時
갑오년 경오월 병신일 갑오시

화기가 태왕하여 심장병을 앓는 사주로 5층 계단을 오르기도 힘들어 했다.

2. 사주 중에서 어디에 있든 화기(火氣)가 몰(沒)하거나 아니면 약해 있을 때

일주가 아니고 주중(柱中) 어느 곳에 있든 화기가 허약해 있으면 심장병 환자에 해당된다.

 壬午年 壬子月 甲申日 丁卯時
임오년 임자월 갑신일 정묘시

갑목(甲木) 일주의 연지(年支) 오화(午火)는 자오(子午)로 충지(沖支)가 되어 있고, 시상(時上)의 정화(丁火)는 왕한 수기(水氣)에 의하여 약해져 있으니 심장병 환자이다.

3. 수(水) 일주가 수기태왕(水氣太旺)이거나 사주에서 화토(火土) 일주로 화토가 많은 사람

수 일주의 수기태왕은 화(火)가 몰(沒)할 뿐 아니라, 비만 체구가 되어 혈압을 상승시키기 때문에 고혈압 환자가 된다. 이것은 무엇이든지 물에 담가 두면 퉁퉁 불어나는 현상으로 이해하기 바란다.

또 화토(火土) 일주에서 화토가 많으면 살집이 좋아지면서 비만 체구가 된다. 남녀를 불문하고 지나친 비만은 성생활에 불만이 생기게 만들 뿐 아니라 심하면 이혼에 이르게 된다.

 癸亥年 癸亥月 癸亥日 乙卯時
계해년 계해월 계해일 을묘시

계수(癸水) 일주가 연월일(年月日)로 수기가 태왕하여 비만 체구이면서도 풍질, 고혈압까지 더해 고생하고 있는 사람이다.

 戊戌年 己未月 丙辰日 壬辰時
무술년 기미월 병진일 임진시

병화(丙火) 일주가 화토(火土)가 많아서 신약이면서 비만 체구인 데다가 저혈압, 시력장애로 고생하였다. 이러한 사주는 ① 지구력이 약하고 ② 인내심이 약하고 ③ 산만해서 정신 집중을 잘하지 못한다.

토(土)가 병이기 때문에 토를 제거하는 목(木)이 필요하므로 목의 성격인 신 것이 좋다. 특히 매실즙을 복용하면 아주 좋다.

간

간(肝)은 일반적으로 해독 작용을 하는데 간이 나빠지면 피로감이 많아지는 것이 특징이며 황달, 흑달, 간경화, 간암 등으로 고생하게 된다. 간에 열이 많기 때문에 생기는 현상이다.

우리가 일상생활에서 애간장이 탄다고 표현하는 것은 간에서 열을 받고 있어서 건강에 문제가 된다는 뜻이다.

아래에 사주 가운데 해당되는 경우를 나열해 보겠다.

1. 목(木) 일주가 다봉재살(多逢財殺), 즉 토금(土金)이 많아서 신약이거나 또는 사주의 어디에 있든 목(木)이 약한 자

간(肝)은 목(木)에 해당되는데 재살(財殺)이 많으면 신약해져서 간이 피상되기 때문이다. 사주 중에 있는 목이 약하면 목에 해당되는 간이 약해질 수밖에 없다.

 癸酉年 庚申月 甲申日 丁卯時
계유년 경신월 갑신일 정묘시

시지(時支)에 있는 묘목(卯木)에 뿌리하고 있는데 계속 목(木)이 얻어맞으니 간이 약해진다.

목이 화(火)를 많이 만나면 간염이 되고 목이 금(金)을 많이 만나서 약해진 경우에는 세균성 간염이 된다. 관(官) 자체가 병균에 해당되기 때문이다.

2. 수목(水木)이 응결된 자

수목이 응결된 자는 수생목(水生木)으로, 핵이 목으로 집결되는 것까지는 좋다. 그러나 습목(濕木)이 되어 ① 간경화 ② 간암 ③ 동맥경화 ④ 인후암 등으로 고생하는데, 특히 여기에 해당되는 사람이 과음(過飮)을 함은 자살행위와 같다. 그 이유는 간경화나 중풍에 걸리기 때문이다.

 己未年 乙亥月 乙亥日 丙子時
기미년 을해월 을해일 병자시

을목(乙木) 일주가 수목으로 응결되어 화(火)가 필요한데, 시상(時上)의 병화(丙火)도 몰해 있어 간암으로 사망하였다.

3. 금(金)과 목(木)이 상전(相戰)한 경우

어느 한쪽이 많거나 적을 때, 다시 말하면 한쪽으로 치우칠 때를 '상전'이라 하는데, 금다목소(金多木少)이거나 목다금소(木多金少)인 경우에 해당된다. 이런 사람은 안 아픈 데가 없이 다 아프다.

특히 두통, 근육통, 신경통 등이 생기며 목(木)이 약해져 있을 때는 간이 나빠진다.

 乙酉年 甲申月 甲申日 丁卯時
을유년 갑신월 갑신일 정묘시

금목상전격으로 두통, 치통, 신경통, 근육통에 시달리며 안 아픈 데가 없는 환자이다. 갑목(甲木)을 나무에 비교하면 열매[금(金)]가 너무 많아서 가지가 찢어지기 직전인데, 그만큼 고생이 많다는 이야기이다. 목(木)이 약해서 간경화로 고생하고 있는 사람이다.

위장병

위장병에는 우선 목(木)이 태과해서 생기는 위산과다증이 있는데 이 경우에는 신경만 쓰면 소화가 되지 않는 증세를 보인다. 이때는 산을 제거하는 제산제를 먹어야 효력이 있다.

위궤양인 경우에는 수다토류(水多土流) 현상으로 위벽이 헐어서 위궤양이 되며, 목이 많아서 목극토(木剋土)가 된 경우도 토(土, 위를 가리킴)가 붕괴되어서 위궤양이 된다. 또한 술을 많이 먹어도 이러한 현상이 생기는데 바로 술이 수(水)에 해당되기 때문이고 이러한 경우는 위가 차가운 데서 그 원인을 찾을 수 있다.

위하수인 경우는 금(金)이 많아서 토생금(土生金)의 현상으로 위가 아래로 처지며, 위경련인 경우는 토가 형충(刑沖)이 되면 위장이 꼬이기 때문에 위경련이 된다. 아니면 위 수술을 받아 보아야 한다.

위무력증인 경우는 화생토(火生土)를 너무 많이 받아 위가 지나치게 좋기에 과식한 결과 위가 늘어나서 위무력증에 걸리게 된다. 일상생활에서는 한꺼번에 너무 많이 먹고 운동이 부족할 때 발생된다.

사주에서 토가 많으면 토가 굳어지므로 위암에 해당되고 목 일주로서 토가 나쁜 역할을 하기 때문에 위암에 걸린 경우는 생식하면 낫는다.

또한 토는 허리에도 해당되므로 목에 의해서 토가 붕괴된 경우 허리가 나빠진다. 무조건 화생토를 해야 약한 토를 보충할 수 있다. 예를 들면 따뜻한 온돌방에서 허리를 지져야 한다. 온돌방은 화(火)에 해당되기 때문이다.

이런 것을 지켜볼 때 우리 선조님들의 생활 속 지혜가 훌륭했음을 알 수 있다.

이어서 사주에서 나타난 현상을 가지고 논하기로 한다.

1. 토(土) 일주가 허약하거나 사주에서 화토(火土)가 약한 자

위장은 토(土)에 속하는데, 토가 약하면 위가 약하게 되어 있다. 또한 화(火)가 약하면 화생토(火生土)를 못하므로 위장이 나빠지는데, 알고 보면 심장병 환자도 자연히 화생토가 안 되므로 위가 약하게 되어 있다.

戊子年 癸亥月 戊戌日 癸亥時
무자년 계해월 무술일 계해시

재다신약(財多身弱)으로서 일생 빛을 보지 못하고 헛 세상을 살다 간 사람이다. 수다토류(水多土流)의 현상으로 위가 헐어서 위궤양에 시달리며 특히 과음을 주의해야 하는 사주이다.

2. 토(土) 일주의 화토(火土)가 왕(旺)한 자

다자무자(多者無者) 현상으로 도가 넘어섰기 때문에 모자람과 같은 현상으로 이해하면 된다.

己丑年 戊辰月 戊午日 戊午時
기축년 무진월 무오일 무오시

무토(戊土) 일주의 화토(火土)가 많아서 위암으로 세상을 떠났다.

※ 토(土) 일주(日主)와 관계없이 일간(日干) 허약자는 소화 능력이 부족하여 잘 체한다. 또한 토(土)가 약한 자는 위장병은 물론 위와 비(脾)가 약하여 비위 치레를 못하며 차멀미, 배멀미가 심하다.
또한 운(運) 가운데의 천간토(天干土)가 원 사주의 수많은 목(木)에 의해서 피상되어도 위장병이 발생된다.

피부 · 비뇨기과

금(金)은 피부에 속하며 수(水)는 비뇨기 계통을 가리키는데, 금수(金水)가 공존하므로 피부와 비뇨기 계통은 서로 밀접한 관계가 있는 형제간과 같다 하겠다.

금수가 많아서 너무 냉한(冷寒)한 사주는 자율신경이 마비되기 때문에 운이 나쁠 때는 피부가 거칠어지고 야뇨증, 발기 장애 등을 가져온다. 몇 가지 경우로 나누어서 설명하기로 한다.

1. 금수(金水)가 허약한 중에 지지(地支)가 화토(火土)로 왕(旺)한 자

피부는 금(金)에 소속되어 있는데 사주에 금이 목화(木火)를 많이 만나서 허약해지면 피부가 약하여 종기가 잘 난다. 조금만 다쳐도 염증이 생기며, 물을 바꾸어 마셔도 피부에 이상이 생기며 두드러기, 건성 피부 등으로 고생한다.

금이 약하면 금생수(金生水)를 못하므로 수기(水氣)도 자연 약화되기 마련이다. 더욱이 수기 자체가 약한 가운데 다시 화토(火土)에 의하여 가격을 당하면 화다수증(火多水蒸)이나 토다유색(土多流塞) 현상으로 수기가 허하게 되어, 수(水)에 속하는 비뇨기 계통의 질환 즉 신장, 방광, 요관, 고환, 생식기 등에 질환이 발생된다.

특히 여기에 해당하는 자에게 토(土)가 많고 그것이 굳으면 돌이 되기 때문에 결석으로 고생하게 된다. 더불어 신장, 방광 계통의 자율신경이 약하여져서 제대로 임무 수행을 못하기 때문에 야뇨증 환자가 될 수밖에 없다.

또한 일주(日主)가 약하면 건강이 부실한데, 성생활이 심하면 고환이나 부고환에 자극을 주어 합병증으로 유도된다.

 丙午年 戊戌月 壬午日 戊申時
병오년 무술월 임오일 무신시

수(水) 일주가 병오(丙午), 무술(戊戌), 또한 일지(日支)의 오화(午火)로 화토(火土)가 많아서 수(水)가 유색(酉塞)되고 탁수(濁水)가 되었다. 탁수란 더러운 물이라는 말로 사람으로 연결하면 더러운 인생을 뜻한다. 수(水)가 약하기 때문에 신기(腎氣)가 약하고 야뇨증에 신장, 결석으로 고생하였다.

2. 금수(金水)로 냉한(冷寒)한 자

금수가 많아서 냉한한 사주는 결석이 잘 발생되며, 동상에도 쉽게 잘 걸린다. 금수가 많아서 생기는 병의 부위는 응결이 되어서 자율신경이 마비되므로 소변이 나와도 나온 줄 모르기 때문에 야뇨증, 불감증, 생리불순, 대하증 등이 있게 된다. 또 하나의 이유로는 냉한하면 방광이 축소되기 때문에 결과적으로 오줌의 저장량이 감소되어 자연히 오줌이 밀려 나오므로 방뇨가 쉽기 때문에 야뇨증이 있게 된다.

壬子年 癸丑月 辛丑日 庚子時
임자년 계축월 신축일 경자시

신금(辛金) 일주가 축월(丑月)에 태어나 자축(子丑) 수국(水局)이 가세하여 심하게 냉한한 사주로, 발기불능 환자이다.

3. 일주(日主) 허약자는 신기(腎氣)가 약하다

일주가 허약한 자는 건강이 부실하다. 따라서 기본 체력이 달려 여러 가지 병을 가지고 있으며 특히 성생활에 낙제생이 된다.

여기에서 주의해야 할 것은 재다신약자(財多身弱者)는 다른 데는 건강이 따라 주지 않아서 불편하나 여자하고의 성관계에는 천재적인 소질이 있으니 착오 없기 바란다. 이러한 재다신약 사주가 요즘 세상을 시끄럽게 하는 '제비족 사주'에 속한다.

 丙寅年 甲午月 庚午日 乙酉時
병인년 갑오월 경오일 을유시

일주가 너무 약하여 40세를 못 넘기고 발기불능 상태가 되었으며 또한 신기(腎氣)가 너무 약하여 아들을 낳지 못하고 딸만 있었던 사주이다.

※ 필자가 감정해 본 결과, 신기하게도 피부·비뇨과 의사들의 사주 중에 금수(金水)가 유난히 많은 것을 볼 때 우주의 조화는 우연만은 아닌 것 같다.

※ 여기에 남자들의 성기(性器) 모양을 기록하니 참고하기 바란다.
① 금(金) 일주는 자라형에 단단하다.
② 토(土) 일주는 대두(大頭)이다.

③ 목(木) 일주는 장대하다.

④ 화(火) 일주는 송곳이다.

⑤ 수(水) 일주는 예쁘며 색(色)에 강하다.

자궁

여자들의 사주에서 상식(傷食)은 자손, 자궁, 유방, 음부 등으로 같이 보고 있다. 때문에 유방이 예쁘면 귀자(貴子)에 자손 덕이 있고 부군의 사랑을 받는다. 그러나 유방 사이가 멀면 남편과 떨어져 있는 날이 많든가 아니면 이혼하게 된다.

유방이 너무나 크면 천명(賤命)이고 남의 자손을 키워 주며, 유방이 빈약하면 자손이 늦고 자궁 발달이 늦는다. 유방이 위로 있으면 자손에 병자가 있고, 아래로 처져 있으면 남의 자손을 키워 주게 된다. 유방의 발달에 따라 생식기도 비례한다고 보면 된다.

그리고 사주 중에서 상식(傷食)이 과다하면 자궁이 지나치게 크고, 상식이 약하면 자궁이 약하며 적고, 상식이 연월(年月)에 있으면 자궁이 깊고 뒤로 있으며 상식이 일시(日時)에 있으면 앞으로 있다. 사주에 상식이 없거나, 있어도 허약하면 자궁 발달이 안 되어 있으며 인수(印綬)와 상식이 잘 균형을 이루고 있으면 수축 작용이 좋다. 귀문관살 놓은 자는 불감증이 아니면 변태성에 해당되며, 신태약자(身太弱者)는 불감증에 가깝다.

신왕운(身旺運)에 상식이 살아 있으면 남자 없이 혼자 살기 힘들며(과부인 경우), 도화살에 지지의 관(官)과 합이 되어 있는 경우는 색(色)을 너무 밝히며 도화 관운(官運)에는 몰랐던 성감(性感)을 알게 되어 있다.

식신제살격(食神制殺格)은 관(官)이 병이 되므로 불감증이요, 제살태과자(制殺太過者)는 남자(관)가 필요하므로 사랑 없이는 못살고, 상식태왕자(傷食太旺者)는 예쁜이 수술로 교정할 것이다. 괴광일시에 신왕자(身旺者)는 중성에 가깝다.

이제 몇 가지 유형별로 자궁 질환을 나누기로 하자.

1. 일주(日主)가 약하고 상식(傷食)이 태왕(太旺)한 자

사주가 신약하면 건강이 부실하고 힘이 없는데 또다시 상식이 태왕하면 설기(泄氣)가 더욱 심하여 사주 자체가 약화된다. 따라서 자손 하나도 낳을 힘이 없으므로 자연유산이 많고 자궁외임신이 되는 수도 있다. 자궁이 무력하여지며 심하면 자궁암이 된다.

 癸未年 壬戌月 丙辰日 己丑時
계미년 임술월 병진일 기축시

 일주(日主)가 겨우 술(戌) 중의 정화(丁火)에 뿌리하는데 상식이 많으면 결과적으로 자궁이 너무 커서 정자와 난자가 만나서 아늑하게 있을 곳이 없으니, 적은 구멍(난소)에 가서 안착하니 자궁외 임신이 된다.
 남편은 수(水)인데 수는 동시에 정자에도 해당되므로, 정자가 자궁 속으로 들어오면 수많은 토(土)에 의해서 토극수(土剋水)를 당하므로 정자가 살아남지 못한다. 또한 수는 관성(남편을 말함)에도 해당되니 관성이 죽어 있으므로 남자를 우습게 본다. 따라서 임신이 되지 않는다. 이 팔자는 남편 복이 없는 팔자이다.

2. 인수태왕(印綬太旺)에 상식(傷食)이 심약한 자

 인수가 태왕하면 상식(자궁을 말한다)이 자동적으로 약해지는데, 따라서 자궁이 피상당하여 발달하지 못하므로 자궁에 병이 발생된다.

 壬申年 壬子月 甲子日 丁卯時
임신년 임자월 갑자일 정묘시

이 사주는 갑목(甲木) 일주가 너무 차서 꽁꽁 얼어 있다. 여기서 자궁은 시상(時上)의 정화(丁火)인데 수없이 수극화(水剋火)를 당해서 자궁 폐쇄증 환자가 되었다. 꽁꽁 언 땅에 씨앗을 뿌려 봤자 무엇이 되겠는가?

3. 상식(傷食) 허약에 다시 형(刑)이나 충(沖)을 만난 자

상식, 즉 자궁이 허약하고 또다시 형이나 충을 받으면 더욱 약화되어 피상됨으로 자궁 수술, 파열, 자궁 폐쇄증 등의 자궁 질환이 발생한다.

丙戌年 辛卯月 丁未日 庚子時
병술년 신묘월 정미일 경자시

정화(丁火) 일주의 상식인 미토(未土)나 술토(戌土)가 자궁에 해당되는데 형을 당하여 자궁이 약하다.

4. 일주(日主)가 약하고
일지(日支) 기준으로 인신(寅申)이나 묘유(卯酉)가 있는 자

인묘(寅卯)는 동쪽을 가리키며 동시에 해가 뜨는 쪽을 이야기한다. 여기서는 해가 떠오르는 문이라 해서 동쪽의 입구를 가리킨다. 신유(申酉)는 해가 지는 서쪽의 출구를 가리키는데, 여자로 보면 들어가고 나오는 곳을 자궁으로 보아 충(沖)이 걸리므로 자궁 폐쇄증으로 연결된다. 심하면 자궁을 드러내게 된다.

癸亥年 甲寅月 戊寅日 庚申時
계해년 갑인월 무인일 경신시

무토(戊土) 일주가 목왕(木旺)으로 신약된 가운데, 인신충(寅申沖)하여 자궁 폐쇄증으로 수술받아 보았다.

5. 금수냉한(金水冷寒)이거나 혹은 너무 건조한 사주

금수냉한자는 자궁이 너무나 차가워 병이 된다. 지나치게 건조한 자는 수기(水氣) 부족과 과한 열기로 병이 되는데, 이런 경우에는 분비물이 부족한 것도 흠이 된다.

壬子年 壬子月 丙申日 戊戌時
임자년 임자월 병신일 무술시

병화(丙火) 일주의 자궁이 술토(戌土)에 해당되는데 수다토류(水多土流) 현상으로 자궁 수술을 받아 보았고, 또한 너무 냉해서 불감증 환자이다.

 丁未年 丁未月 丙戌日 戊戌時
정미년 정미월 병술일 무술시

이 사주의 남편은 수(水)인데 수가 들어와 봤자 수많은 토(土)에 의해서 거세되니 남편 없이 살아야 하는 사주이다. 토가 많으므로 유방암, 자궁암에 걸리게 된다.

풍질 및 수족 이상

요즘은 중풍 환자가 주위에 너무나 많다. 대부분 중풍에 걸리면 수족에 이상이 온다. 따라서 중풍과 손발의 이상을 같이 묶어서 한 범주로 취급한다. 형태별로 구별해서 정리해 보기로 한다.

1. 일주(日主)가 약하고
급각살(急脚殺)이나 단교관살(斷橋關殺)이 있는 자

급각살이나 단교관살은 수족에 이상이 생기는 살(殺)이다. 여기에다 일주가 허약하고 운에서 또다시 일주를 약하게 하는 작용을 하면 수족에 이상이 생긴다.

 壬子年 甲辰月 丙戌日 戊子時
임자년 갑진월 병술일 무자시

병화(丙火) 일주가 허약한 중 이 사주에서 시지(時支)에 있는 자(子)가 춘해자(春亥子)로서 급각살에 해당된다. 더구나 자진(子辰) 수국(水局)이 형성되어 일주(日主)를 약하게 하므로 다리를 절고 있다.

2. 수목응결(水木凝結) 또는 금수냉한(金水冷寒)인 사주

수목응결은 핵심(核心)이 목(木)으로 집결되는데 여기서 목(木)은 신경에 해당된다. 그러나 수목응결로 인해서 신경이 굳어지며 목(木) 자체가 손발에 해당되므로 수족에 이상이 생긴다. 금수냉한은 너무 차서 모든 것이 얼어 버리는 형태가 되므로 손발에 이상이 생긴다.

 戊子年 乙卯月 壬子日 癸卯時
무자년 을묘월 임자일 계묘시

임수(壬水) 일주가 수목응결이 되어 다리를 절고 풍질로 고생하고 있다.

3. 신약(身弱)에 금목상전(金木相戰)
   또는 신약에 역마 지살이 형충(刑沖)된 자

신약은 원래가 병균이 발생하기 쉬운 데다가 금극목(金剋木)을 당하여 목(木)에 해당되는 수족이 상하기 때문이다.

또 지살(地殺), 역마(驛馬)는 교통수단이나 육체와 비교하면 팔과 다리가 된다. 여기에 형이나 충이 임하면 고장이 생기므로 수족에 이상이 생긴다.

丁巳年 壬寅月 戊申日 壬戌時
정사년 임인월 무신일 임술시

무토(戊土) 일주가 허약한 중 역마 지살이 형충하고 있어서 다리를 절고 있다.

4. 사주가 지나치게 건조(乾燥)한 자

사주가 지나치게 건조하면 열이 태왕해지는데, 열이 심하면 소아마비에 걸리고 소아마비에 걸리면 수족에 이상이 생긴다.

 戊午年 戊午月 戊午日 己未時
무오년 무오월 무오일 기미시

무토(戊土) 일주가 지나치게 건조한 중 하묘미(夏卯未)로 급각살을 놓아 다리를 절고 있다.

5. 재살태왕(財殺太旺) 또는 양인태왕(羊刃太旺)인 사주

재살태왕자는 재생살(財生殺)이 되어 아주 심히 약한 가운데 살(殺)은 병에 해당되기 때문에 몸의 어느 한 부분이 고장이 나게 되어 있는데, 몸의 중요한 부분이 수족이기 때문에 수족에도 해당이 된다.

양인태왕자는 신왕(身旺)이 되어 건강할 것 같으나 태강즉절(太强則折, 너무 강하면 부러진다는 뜻)이요, 성격이 너무 잔인하여 사고가 나기 쉽기 때문에 손발에 이상이 있는 것으로 연결된다.

 丁亥年 癸卯月 甲子日 乙亥時
정해년 계묘월 갑자일 을해시

이 사주는 화(火)가 필요한 사주인데 화는 없고 양인(羊刃)인 묘목(卯木)을 월에 놓고 신왕한 사주이다. 수목응결(水木凝結)과 자묘형살(子卯刑殺)이 있어 손 하나가 불구이다.

※ 이렇게 1, 2, 3, 4, 5항이 중복되면 수족에 이상이 오는 것이 확실하며 특히 40대 이후에는 풍질(風疾)로써 반신불수가 되기 쉽다.
　여자들의 경우는 산후풍(産後風)이 있으니 산후 조절을 잘하기 바란다.

각 질병에 효능이 있는 음식

우리 신체의 각 부위별로 이상이 있을 때 필요한 음식물을 나열하니 참고하기 바란다. 이 자료들은 『동의보감』에서 많은 도움을 받았음을 밝혀 둔다.

소화기 계통
위장 : 무, 알로에, 솔잎, 인삼
위염 : 김치, 무, 민들레
위궤양 : 양배추, 알로에, 감자, 토마토
위암 : 케일, 컴프리
간염 : 신선초, 케일, 미나리, 냉이, 민들레, 칡, 인삼
간경화 : 신선초, 돌나물, 토마토, 오이, 알로에, 씀바귀
간암 : 신선초, 케일, 돌나물, 컴프리, 미나리, 씀바귀, 냉이

순환기 계통

고혈압 : 무, 양파, 당근, 냉이, 미나리, 쑥, 솔잎

저혈압 : 당근, 상추

동맥경화 : 양파, 토마토, 솔잎

뇌졸증 : 양파, 미나리

뇌출혈 : 무, 알로에

협심증 : 양파

심근경색 : 솔잎

심장기능상실 : 알로에

호흡기 계통

감기 : 감자, 무, 쑥, 연근

천식 : 감자, 파

기관지 : 무, 당근

폐렴 : 냉이, 생강

폐결핵 : 무, 시금치, 솔잎

편도염 : 양파, 오이, 쑥, 사과

내분비 계통

당뇨 : 신선초, 양배추, 시금치, 솔잎

통풍 : 케일, 미나리

신경계 계통

신경통 : 양파, 우엉, 솔잎

관절 : 무, 신선초

요통 : 부추

어깨 결림 : 신선초

류머티즘 : 무, 파, 선인장

뇌신경 계통

신경쇠약 : 무, 파

불안·초조·우울증 : 당근, 양파

불면증 : 양파, 파

자율신경 : 부추

비뇨기 계통

신염 : 감자, 무, 당근

결석 : 양파

방광염 : 오이, 알로에

전립샘비대증 : 당근, 셀러리

전립샘암 : 신선초, 컴프리, 씀바귀

피부 계통

습진 : 오이, 당근, 민들레

여드름 : 알로에

기미 · 주근깨 : 오이, 당근

이비인후과 계통

비염 : 수박

중이염 : 무

구내염 : 무

눈병 : 당근

부인과 계통

생리 불순 : 쑥, 미나리

자궁염 : 민들레

자궁암 : 신선초, 케일

냉증 : 쑥, 부추

대하증 : 쑥, 익모초

질병에 맞는 야채별 효능

야채 : 효능

감자 : 소화, 해독 작용

당근 : 변비, 비만, 간장, 신장, 심장, 빈혈, 야맹, 미용

마 : 간장

무 : 가래, 각기, 감기, 관절, 소화, 두통

미나리 : 변비, 인후, 고혈압, 해열

사과 : 변비, 고혈압, 소화, 두통, 간장

신선초 : 항암, 스태미나, 조혈, 신장

솔잎 : 중풍, 당뇨, 모발

쑥 : 고혈압, 편도염, 해독, 설사, 혈변

알로에 : 항암, 세포 재생, 해열, 진통, 이뇨, 구충, 미용

양배추 : 당뇨, 궤양, 스태미나

양파 : 정력, 스태미나, 살균, 고혈압, 동맥경화

오이 : 이뇨, 부종, 미용
익모초 : 생리 조절, 혈당 저하, 결핵, 안질, 부종
인삼 : 강장, 위장, 정력, 진정
칡 : 해열, 해갈, 해독, 정장, 소염, 간염
케일 : 고혈압, 위궤양, 변비, 조혈
컴프리 : 빈혈, 폐암, 심근경색, 천식, 안질
토마토 : 혈액순환, 당뇨, 빈혈, 미용

[제3부]

병은 자신이 고친다

행복과 불행은 수시로 교체된다

　필자의 고향은 전라남도 해남군 내사리 바닷가에서 약 20리 떨어진 남천리로 그 마을의 만석꾼 손자로 태어났다. 그리했으니 세상에 태어나면서부터 부러울 것이 없었다.

　당시 아버지는 서울 중동중학교를 졸업하고 모 법률 전문대를 다닌 것으로 들었으며 어머니는 전라도에서도 가장 수재들만 다녔다는 광주 욱고녀(지금의 전남여고) 3회 졸업생이다.

　이렇게 다복한 가정에서 행복한 어린 시절을 보냈다.

　어린 시절에는 동네의 큰 처녀들이 나의 어린 손을 잡고 내사리의 바닷가에 데리고 다녔다. 거기에는 그 당시에 제법 큰 배들이 왕래했고, 해남 근처의 어느 큰 섬 전체가 우리 집 소유였기에 갈치나 고등어 등은 생선으로 취급하지도 않았다.

　지금 생각하면 전복 같은 고급 해산물이 항시 집안에 떨어지지 않았다.

섬에서 온 인부들이 나의 손이라도 한번 잡아 보려고 하면 병균 옮는다고 건드리지도 못하게 했다.

외갓집도 부유하여 외할머니가 시집오면서 1000석을 가지고 왔다고 들었다.

외할아버지는 미남인 값을 해서인지 작은 외할머니가 두 분이나 있었다고 들었으며, 전남대학교 사친회 회장 등 공직을 맡으면서 재산이 많이 없어진 걸로 전해 들었다.

어머니가 중학교에 다닐 때 외할머니가 돌아가셨는데, 눈을 감지 않아서 어머니가 외할머니 앞에서 무릎을 꿇고 이 동생들을 다 내가 책임질 터이니 부디 눈을 감으시라고 하니 그때야 눈을 감으셨다고 한다.

그래서 외삼촌이 대학 졸업하기까지 다 우리 집에서 학비를 대주었다.

내가 대학 다닐 때 전남여고에 가서 어머니의 성적표를 떼어 보니 졸업생 40명 중에 중학교 3학년 때까지는 2등이었고 4학년 졸업할 때는 1등으로 되어 있었다.

어머니는 졸업하자 곧 일본으로 유학하려고 했는데, 그만 외할머니가 돌아가시고 집안이 기우는 통에 할 수 없이 부잣집으로 결혼해서 동생들의 뒷바라지를 하기로 결심한 것 같았다.

시집와서도 큰 집안의 살림을 전부 챙기고, 심지어 형사 사건이 생겼을 때는 목포까지 가서 일본인 검사와 대판 싸웠다고 한다.

이런 이야기들로 미루어 보아 지나치게 똑똑한 여인이 아니었나 생각된다.

이런 행복한 가정이 내가 4살 때 어머니가 폐병으로 몇 번 입원을 거듭하시다가 돌아가시면서 저물기 시작했다. 어머니가 돌아가시고 한 달쯤 있다가 집 안에 있던, 내 지금 기억으로는 2미터가 훨씬 넘는 구렁이 2마리가 마당을 가로질러 밖으로 나가는 것이었다.

동네 사람들은 업(業)이 밖으로 빠져나간다고 수군거렸다. 그때는 그것이 무엇을 뜻하는지 잘 몰랐으나 아무튼 동네 사람들의 표정으로 보아 좋은 일은 아닌 것 같다는 짐작을 했을 따름이다.

역학 공부를 하고 나서야 '아하 그렇구나!' 하고 그 이유를 알게 되었다.

집 안에 양기(陽氣)가 물러가고 음기(陰氣)가 차지하면 습기가 집안에 가득하여 음산한 기운이 퍼지기 시작한다.

이럴 때 집안 식구들의 건강이 나빠짐은 물론이고 재수가 없기 때문에 집안의 가세가 기울기 시작한다.

이렇게 음기가 지배하면 사람도 못 견디는데, 하물며 영기(靈氣)가 있다고 알려진 구렁이가 음산한 기운을 피해서 따뜻하고 아늑한 자리로 이동하는 일은 당연하지 않겠는가?

따라서 음기는 사람뿐만 아니라 살아 있는 모든 동물에게도 역시 해로운 것이다. 우리들이 가끔 쓰는 음산하다든지 음탕하다든지 또는 음란하다든지 하는 말들이 다 음기를 가리키고 있다.

쥐들도 항해하는 배에 음기가 감돌면 그 배를 타지 않는다. 음기가 감돌면 배에서 전부 내려오는데 배가 침몰하기 전에 이미 음기가 가득함을 쥐는 사람이 갖지 못한 초능력으로써 알아차리는 듯하다.

집 안에서 볼 것 같으면 음기가 지배하면 습기가 차고, 습기가 많아지면 건강에 해로운 박테리아가 번식하게 된다. 그 결과 건강도 나빠진다.

이제 와 생각하면 돌아가신 어머니가 우리 집의 복덩어리였던 것 같다. 어머니가 돌아가신 뒤 우리 집의 기(氣)가 양지(陽地)에서 음지(陰地)로 바뀜과 동시에 명예와 부가 쇠퇴의 길을 걷기 시작하였다.

우리 집을 보더라도 영원한 행복, 영원한 권력, 영원한 부는 없다. 다 한시적이고 일시적일 따름이다.

그래서 사람들은 집을 지을 때 남향 집을 선택한다. 햇빛이 잘 들어오니 습기가 생기지 않고 아늑한 분위기가 생겨난다.

목(木)이나 화(火)가 용신(用神)인 사람은 지하에 가서 사업하면 망한다. 양지가 필요한 사람이 음지에서 생활하면 건강이 안 좋아지고, 건강이 안 좋아지면 재수가 없어지기 때문이다.

감정할 때 보면 남은 죽든 말든 자기 집안은 천 년 만 년 행복하게 살기를 원하는 사람들이 있다.

그러나 행복과 불행은 수시로 교체된다.

만약 50년의 좋은 운을 받아서 행복하게 잘 살았다면, 그 다음 죽고 나서 나쁜 운이 들어오면 그대로 받아들일 수밖에 없다. 예를 들어서 나쁜 운이 20년 계속된다면 20년간은 그 죽은 영혼이 구천을 떠돌아야 한다.

그와 반대로 이 세상에서 고생한 사람이 죽은 뒤에 좋은 운이 들어오면 바로 천당으로 직행한다.

행복과 불행은 서로 상대적이다. 따라서 행복한 사람은 너무 자만하거나 우쭐대지 말고 남을 위해서 음덕(陰德)을 베풀어야 하고, 이 세상에서 고생한 사람들도 죽은 뒤에 운이 들어온다면 곧장 좋은 세상으로 갈 수 있음을 알아야 한다.

우리는 먼 여행의 동반자이지, 경쟁자가 아니란 것을 다시 한 번 이야기하고 싶다.

기(氣)·명상 훈련은 건강에 아주 좋다

 기(氣)가 인생에 미치는 영향은 너무나 크다. 때문에 기에 대한 기본적인 성격을 이야기하고 그 다음 명상 훈련의 기초적인 방법 및 그것이 건강에 미치는 영향을 다각적으로 분석하도록 하겠다.

| 기(氣)의 성질 및 역할 |

 공기는 우리의 눈에 보이지 않는다. 그러나 공기로 인한 호흡 작용이 중단되면 목숨이 끊어지는 것을 우리는 잘 알고 있다. 따라서 기를 이러한 차원에서 이해해 줬으면 한다.
 기는 모양이 없는 무형(無形)으로, 우주 공간에 빛과 소리와 파장으로 존재하고 있다.
 시간과 조건의 연(緣)이 되면 유형(有形)으로 되어, 여러 모습으로 불가사의한 기능을 수행하다가 때가 되면 본래 있던 공(空)한 자리로 돌아가려는 환원성과 영원히 진화하여 존재케 하는 본원성을 가지는 것이 기(氣)이다.

이와 같이 기 자체는 전혀 새로운 것이 아니다. 원기, 병기, 냉기, 온기, 열기, 대기, 기운이 없다, 기분이 좋다, 기가 막히다, 기절 초풍한다 등의 말들이 사용되어 왔다는 사실은 옛부터 인간이 기(氣)라는 것에 착안하고 있었음을 말하여 준다.

우리의 육체는 모태로부터 태어나 성장하고 장성하는 역사 속에서 때에 맞는 모습과 생명 활동, 역할을 수행하다가, 연이 다하면 머리카락, 손톱, 치아, 가죽, 살, 힘줄, 뼈, 눈물, 진해, 가래, 오줌은 물로 돌아가고, 몸의 더운 운기(運氣)는 불로 돌아가고, 활동하는 운기는 바람으로 돌아가 결국 지수화풍(地水火風)으로 흩어져 제자리로 돌아가게 된다.

결국 삶과 죽음이 기에 의하여 이루어지게 되어 있다.

또한 사람은 세상에 태어날 때 선친으로부터 생명 활동의 근원이 되는 원기(元氣)를 받아 우주의 자기(磁氣)에 둘러싸여서 대기(大氣)를 흡수하고 식물로부터 곡기(穀氣)를 흡수하면서 살아간다.

따라서 인간이 살아간다는 것은 인생이라는 그릇에 담긴 기(氣)의 활동을 뜻한다.

이와 같은 기의 실체를 물리학자들은 전자, 자기, 소립자, 미립자, 중성자라는 말들로 분석하여 표현하고 있다. 이 기(氣)는 생명

력, 복원력, 치유력을 갖고 있을 뿐 아니라 정치학, 경제학, 천문학, 지리학, 철학, 의학, 금속공학, 예술 등 사회 모든 분야에 걸쳐 그 근원적 뿌리가 되고, 결과를 낳는 중요한 요소가 된다.

| 기공·명상의 필요성 |

기공(氣功) 명상에 대한 본격적인 훈련은 전문 연구 기관에서 교육받을 것을 권하고 싶다.

그 이유는 처음에 길을 잘못 들어서면 다시 돌아 나오기가 힘들고, 혼자서 연습하면 산만해서 잘 수행이 되지 않기 때문이다.

따라서 전문가에게 길을 물어서 가는 것이 시간을 허비하지 않고 빨리 갈 수 있는 길이라 믿기 때문이다.

조물주가 인간을 창조할 때 자신과 같은 형태를 원하면서 만든 것이 인간이다.

그렇다면 조물주와 같은 전지전능한 능력을 갖지는 못했다 하더라도 그와 비슷한 능력을 갖거나, 혹은 비슷하지는 않더라도 어떤 능력 하나쯤은 부여받았다는 것을 의심할 필요는 없다는 말이다.

그것은 동물, 심지어는 개미 등과 같은 곤충조차도 자기 신변에 위험이 닥치면 초능력적인 예지를 발휘해 미리 피신하는데, 하물며 만물의 영장인 인간에게 그러한 능력이 없을 리가 없다.

현대 문명이 급진적으로 발달하다 보니 인간은 자연히 물리적인

생활에 의존하게 되고 조물주로부터 귀하게 물려받은 염력(念力)이나, 투시력, 자연 치유력 등의 잠재 능력이 현저하게 감퇴되고 말았다.

이렇게 사라져 가고 희미해진 잠재 능력을 표면에 다시 끌어올려서 재충전하는 데 기공 명상의 목적이 있다.

인간은 모두 그러한 능력을 갖고 있다. 다만 오랜 세대를 거치는 동안 그것을 거의 사용하지 않음으로써 그 능력이 쇠퇴되고 만 것이다.

본래는 갖고 있었으나 잠을 자고 있는 이러한 능력을 다시 개발함으로써, 건강은 물론이고 기의 순환이 원활히 되어 스트레스 또한 해소된다고 볼 수 있다.

기(氣)는 우리의 신체 주위에 안개와 같이 방사되어 있는, 보통 사람의 육안으로는 볼 수 없는 방사선을 말한다.

이것을 보는 사람은 선천적으로 영시(靈視) 능력이 뛰어난 사람이라든가 또는 깊은 명상 훈련을 통해서 영안(靈眼)을 개발한 사람이다.

삼풍 백화점의 대형 사고 때 매몰된 현장에 몇 사람이 살아 있는가를 알아맞힌 목포대학교의 모 교수님 역시도 기공 명상을 깊게 해서 남보다 탁월한 투시력과 예지력이 생겼다고 볼 수 있다.

사실 초능력이라는 말은 없다. 누구에게나 잠재되어 있을 뿐이다. 다시 말하면 명상 훈련을 하면 눈, 코, 귀, 혀, 촉감 등의 감각기관에 의한 지각 능력이 아닌, 초감각적 지각 능력이 생기므로 물질 에너지를 매개로 하지 않고 물질계에 직접 영향을 주는 능력을 갖게 된다. 일반적으로 이것을 초능력이라고 한다.

기(氣)를 터득한 사람, 즉 초능력자가 되면 시간과 공간을 초월하는 능력으로 다른 사람들이 느끼지 못하는 차원의 감각을 느끼며 생활할 수 있게 되는데, 정확한 수련법에 따라 꾸준히 연마하면 누구에게나 품성과 심성의 연(緣)에 따라 각자의 초능력 특이공이 나오게 되는 것이다.

이러한 초능력이 나타나게 하기 위해서는 전단계로 심신(心身)을 이완시키는 훈련을 꾸준히 해야 한다. 심신을 긴장하지 않는 상태로 만드는 경험을 하면 마음은 마치 공중을 날아가는 것 같은 느낌이 들게 된다. 이것이 보다 깊은 명상으로 유도해 가는 전 단계이다.

| 기공 · 명상의 환경 |

처음에는 전문적인 도장에 가서 집중 훈련을 받고 어느 정도 훈련이 되면 그때부터 각자가 자기의 환경에 따라 진행하면 된다. 그러다 기공 상태가 산만해지면 다시 도장에 가서 충전하는 식으로 해서 어느 경지까지 끌어올리는 것이 중요하다.

먼저 방해를 받지 않고 산만하지 않은 실내 혹은 실외의 깨끗하고 조용한 장소를 선택하라.

시끄러운 현대 도시에서 조용한 곳을 찾는 것은 쉽지 않지만 가능한 조용한 장소와 시간을 찾고 당신과 함께 사는 사람에게 혼자만의 시간이 필요하다는 점을 설득시키기 바란다.

카펫이 깔린 바닥이나 풀이 고르게 자란 우거진 장소는 기공 명상에 특히 좋다.

만약 당신이 실내에서 한다면 창문을 열고 향을 피우는 것이 좋다. 온도는 너무 뜨겁지도 차지도 않아야 하며 빛은 부드러워야 한다.

시작하기 전에 주위 환경에 익숙해지도록 시간을 갖는 것도 좋다. 당신의 관심을 내부로 돌려 안락하다고 느낄 때까지 조용한 마음을 지속하는 것이 좋다.

기공 명상을 행하는 동안에는 자유스럽고 편안한 옷을 입어야 이완 작용을 하는 데 도움이 된다. 완전히 이완되기까지는 아마 몇 개월이 걸릴 것이므로 규칙적으로 실행하는 것이 중요하다.

기공 명상을 시작하는 최선의 방법은 하루에 한 번 45분씩 하는 게 중요하다. 그것이 익숙해지면 하루에 45분씩 2번을 하는 것이 좋으며(도합 90분) 시간대는 아침 해가 떠오르기 직전에 행하는 것이 가장 좋다.

아침에 일찍 일어나기 때문에 몸과 마음이 부지런해짐과 동시에 그날그날 하루가 즐겁게 시작될 수 있기 때문이다.

기공 · 명상과 건강

스트레스가 원인이 되어 모든 병이 발생한다고 볼 때, 그것을 해소하기 위한 좋은 방법을 강구하지 않으면 안 된다.

우선 긴장되는 부분을 이미지를 사용하는 방법으로 조금씩 풀어 나가는 방법이 제일 좋다고 생각한다.

기공 단련자에게는 종종 손이나 발, 기타 신체의 여러 곳에서 노곤한 느낌, 저린 느낌, 뜨거운 감각 등을 경험할 때가 있다.

그것은 신체에 기가 흐르기 때문이라고 생각해도 된다. 한 줄기 난류(暖流)가 어떤 노선을 따라서 신체로 흘러가는 것 같은 감각이 생긴다. 이것을 한의학에서는 기가 순환해 간다고 인식하고 있다.

우선 입정(入靜)에 도달해야 하는데 몇 가지 순서를 적어 보면 다음과 같다. 첫째, 호흡을 고르게 조절해야 한다. 둘째, 이완 조절 작업을 해야 한다. 셋째, 정신 집중을 해야 한다. 넷째, 명상 상태로 접어든다.

이것이 익숙해지면 무념무상의 삼매(三昧)에 빠지게 되는데, 이 작업을 계속하다 보면 긴장이 풀어지므로 지극히 안정되고 고요한 마음의 상태로 몰입하게 된다.

이러한 명상 상태가 어느 정도 지속되면 건강에 좋다는 소주천(小周天)을 권하고 싶다.

소주천은 기가 머리에서부터 점차 배, 하복부, 엉덩이 그리고 척

추를 통하여 머리로 다시 회전하는 공법이다. 이 방법은 도교(道敎)에 심취한 신선들이 몸소 그것을 경험하려고 오랜 세월 산에 묻혀 수련한 결과 터득한 것이다.

처음부터 자기 혼자 행하는 것이 어려울 경우 기공사의 도움으로 그로부터 외기(外氣)를 받아 감전 현상을 일으키게 하는 것도 좋은 방법이다. 어느 정도 명상 훈련이 되어 있으면 소주천은 자기 혼자서도 가능하다고 생각된다.

소주천을 통해서 몸의 막힌 곳을 뚫게 되면 막혔던 곳 때문에 생기는 병이 점차로 소멸하게 된다.

인도 출신의 미국인 의사 '디팩 초프라'는 『현대병과 명상 치료』라는 책에서 〈명상은 질병, 스트레스, 못된 습관, 부정적 태도, 불행한 체험 등에 의해서 막혀 있는 창조적 지성의 유출 통로를 열고 활성화시킨다〉라고 표현하였다.

이러한 명상 훈련은 건강을 좋은 쪽으로 바꾸어 줌은 물론, 무념무상의 상태에 도달되기 때문에 무한한 깨달음의 세계로 우리를 인도하여 준다.

이러할 때 비로소 천상천하유아독존(天上天下唯我獨尊)의 상태로 몰입함과 동시에 소우주로서 내 자신의 확고한 주체성(主體性)이 확립된다.

나를 통해서 세상 만물이 존재하게 된다.

내가 세상의 주인이 되는 것이다.

물질의 노예가 아니라 바로 내가 모든 것을 관장하고 판단하며 저 무한한 우주와 나와의 끊임없는 대화가 여기서부터 시작되는 것이다.

진정한 휴가는 단식하는 것

내가 단식 경험을 한 것은 지금으로부터 30년 전의 일이다.

그때만 해도 사업 관계로 바빠서 10일 정도 단식한다는 것은 꿈도 꾸지 못할 때였고, 지금은 대학원을 졸업하고 대기업에 근무하는 아들이 불과 초등학교 3학년이던 시절이기도 하다.

30년 전의 한참 더운 여름날이었던 것 같다. 그렇게 잘되던 사업이 웬일인지 브레이크가 걸리고 거기에 스트레스가 쌓이기 시작하자, 퇴근한 뒤 친구들과 계속 맥줏집으로 직행하는 것이 습관이 되어 버렸다. 그것도 부족해서 친구들을 집으로 끌어들여 밤새도록 마셨으니 집의 식구들도 좋아할 리가 없었다.

음주 습관은 스트레스 해소에는 다소 도움이 됐지만, 쓸데없는 지방을 늘려 체중이 75킬로그램을 육박하게 되었다.

이렇게 되어 가자 머리 회전이 잘되지 않아 사업의 새로운 아이디어는 떠오르지 않고 몸과 마음이 동시에 나를 무겁게 짓누르기 시작했다.

이때 친구로부터 단식(斷食)이 몸에 좋다는 이야기를 듣게 되었다. 나는 그 이야기를 듣는 순간 '아! 바로 이거다' 하고 단식을 하기로 결정했다.

단식을 지도하시는 선생님과 통화를 한 결과 나의 체중 여건을 들어 보시더니, 10일 정도 단식하는 것이 좋겠다는 견해였다.

단식을 하기는 해야 하겠으나 사업하는 사람이 갑자기 단식을 한다면 다른 사람에게 이상하게 보일까 두려워서 집안 식구에게만 단식원에 간다고 통지하고 외부에는 미국에 출장 가는 것으로 해 놓았다.

무조건 단식을 하면 되는 것으로 알았으나, 단식하기 전에 취할 몇가지 사항이 있었다.

단식원에 들어가기 2일 전에 피마자기름을 먹으라 해서 먹었더니 계속 설사를 하는 것이었다. 지금 생각하니 창자 속에 끼인 숙변 같은 이물질을 제거하는 데 목적이 있었던 것 같다.

단식 2일 전부터 식사는 죽으로 시작해서 식사량을 점점 줄이는 것도 해야 할 일이었다.

단식원 장소는 경기도 남양주군의 어느 사찰로, 도착해 보니 단식하는 인원이 20명 정도 되었다. 그중에는 여자도 5명 정도 있었는데 서울 경찰청의 무술 경호원도 있었던 것으로 기억된다.

첫 식사를 죽으로 시작해서 하루 정도는 죽을 먹고, 다음 날은 미음을 두 끼 정도 먹고, 그 이후에는 완전한 단식이 시작되었다.

처음 단식이 시작되는 날은 참으로 견디기가 어려웠다. 건강을 위해서 단식하는 것도 이렇게 고통이 심한데, 가난해서 못 먹고 굶는 사람은 얼마나 고통이 심할까 이해가 갔다.

단식을 하면 전부 친해진다. 이유는 마음이 비워지기 때문이다. 모든 사람들이 먹지 않으니 제로의 상태에서 서로의 대화가 진행되니 말이다.

3일 정도 지날 때까지가 아주 고통스러웠다. 먹고 싶어서 환장할 지경이었다.

3일이 됐을 때, 저녁에 잠을 자는데 어느 아주머니가 사람 살려달라고 막 소리를 지르는 것이었다. 여러 사람이 놀라서 뛰어가 보니, 그 아주머니가 하도 배가 고프자 밖으로 나가 살구나무에서 살구를 따서 그것으로 배를 채웠던 모양인데, 그게 탈이 난 거였다.

단식을 하면 보통 때보다 창자가 점점 줄어드는데, 갑자기 포식을 하고 또한 자극성 있는 살구를 먹었으니 견디어 낼 수 있겠는가? 새벽에 병원 응급실로 실려 가서 겨우 수습한 일이 있다.

나의 경우에는 3일 후부터 하루에 정확하게 1kg씩 몸무게가 감량되기 시작하였다.

단, 단식을 하더라도 물은 먹어야 한다.

나의 경험으로 볼 때 단식을 하면 머리가 아프고 헛구역질이 나

왔다. 지도하는 선생님이 그때마다 약을 먹으라고 해서 하루에 세 번씩 약을 먹었던 기억이 난다.

우선 견디기 어려웠던 일은 방 안에서 사람 송장 썩는 냄새가 나는 것이었다. 여러 사람이 단식하면서 창자 속에 남아 있던 썩은 이물질이 썩은 기(氣)가 되어 밖으로 나오면서 그것이 벽에 스며 들었던 것이다.

그러니 사람의 내부가 얼마나 더럽고, 까뒤집으면 얼마나 역겨운 냄새가 나겠는가?

그런데도 한 쪽에서는 고스톱 판이 벌어졌다. 한 점에 백 원짜리 동전 하나였는데 한 사람이 30분 이상 참여하지 못했다. 시간을 오래 하면 머리가 빠개질듯이 아팠기 때문이다.

지금 생각하면 영양이 좋지 못한 상태에서 너무 뇌를 혹사하여 일어난 현상이 아닐까 생각된다.

단식원을 운영하는 분들은 음악 시설이나 독서 시설들을 잘 갖추어 놓고, 정서적으로 건전하게 분위기를 조성해야 스트레스를 해소하는 데도 한몫을 하지 않을까 생각된다.

대부분의 사람들은 휴가를 얻으면 먹고 마시고 화투 놀이를 하며 진을 뽑는데, 그 결과 우리의 육체는 지칠 대로 지쳐 만신창이가 된다.

여러분, 각자의 육체한테 미안하다고 생각해 본 적이 있는가?

우리의 육체한테 충분한 휴가를 주고 부려 먹어야 육체도 말을 잘 듣지 않겠는가?

진정한 휴가는 단식하는 것이다.

필자가 듣기로는 어느 재벌 회사의 회장은 직원들이 단식원에 가서 단식하면 2일~3일 정도는 추가로 휴가를 준다고 들었다.

그 회사의 회장은 참으로 영리하고 타산적인 사람으로 판단된다. 단식을 하면 몸을 수리해서 다시 태어나는 것과 마찬가지니 얼마나 부려 먹기가 좋겠는가?

회장님은 부려 먹기가 좋고, 본인은 몸과 마음이 새로워져서 얼굴에 활기가 돌고 새로운 아이디어가 떠오르니, 남한테 인정받아 일석이조가 된다.

3일째부터는 먹는 것을 포기하니 어느 정도 고통이 줄어들기 시작해서, 5일째 되는 날부터는 몸이 편안해지기 시작했다.

몸에 기운이 없어서 50미터 이상을 걷지 못하고 조금 쉬었다가 다시 걷는 식으로 산책을 했다.

조금 고통스러운 것은 새벽 4시에 전부 기상을 시켜서 참선에 참여하는 일이었다. 처음에는 일어나기가 아주 힘이 들었는데 나중에는 습관이 돼서 그런지 그렇게 기분이 상쾌할 수가 없었다.

낮에는 각자에게 자유 시간을 주었기 때문에 산 중턱의 사찰에서 동네의 개울로 내려오는 일이 많았는데, 천렵 온 사람들이 잡은 생선찌개에다 소주 한 잔 하는 것을 보니 나는 다른 세상에 살고 있는 기분이 들었다.

다른 사람들이 안 볼 때 가게에서 두유 1잔씩을 사서 몰래 마시기도 했는데 내가 느끼기에도 몸의 컨디션에 영향을 끼쳤다. 이를 볼 때 지금의 우리 식생활은 지나친 영양 과잉 때문에 문제가 되지 않는가 생각된다.

보통 점심을 아주 많이 먹는 사람인 경우에는 그것으로 하루의 영양분이 충분하지 않을까 생각된다. 그 나머지는 영양 과잉으로 오히려 그 사람에게 해가 된다고 생각한다.

마지막 퇴원하는 날은 65킬로그램의 아주 날씬한 몸매가 되었다. 가지고 온 바지가 헐렁해져 확실하게 체중이 줄었음을 확인할 수 있었다.

단식은 실행하는 것보다 그 뒷처리를 잘하는 것이 매우 중요하다. 먹는 것도 처음에는 미음으로 시작해서 하루 정도 먹고 그 다음 날부터는 죽으로 해서 2일 정도 먹고, 본인이 생각하기에 어느 정도 회복되었다고 생각되면 소량의 밥으로 시작하는 것이 좋다.

다만 술 같은 자극성 있는 음식은 한 달 정도는 먹지 말아야 한다. 단식 끝나고 7일 후에 직원들과 저녁 회식에 술을 먹고 집으로 돌아가다가 남대문의 옛 시경 건물 앞에서 갑자기 주위가 컴컴해지더니 나도 모르게 쓰러지고 말았다.

주위에 있던 사람들이 급히 차에 태워 집으로 가는 중에 깨어났는데, 갑자기 자극성 있는 술을 먹어서 그렇게 된 듯하다.

이렇듯 단식하는 것도 중요하지만 단식의 마무리가 아주 중요하다. 그 뒤로 계속 운동과 식이요법으로 몸을 조절한 결과 69킬로그램을 넘기지 않고 좋은 컨디션을 유지하고 있다.

  단식을 하고 돌아오니, 주위 사람들이 갑자기 어떻게 해서 그렇게 늘씬하게 됐는지 물어보고 야단들이었다.

  그때서야 단식을 10일 하고 왔다고 사실대로 고백하고 단식이 얼마나 몸에 좋은지를 주위에 자신 있게 말할 수 있었다.

  일생을 통해서 한 번에 10일 정도씩 2번 내지 3번의 단식을 함으로써 우리 몸에 휴가를 주고 몸과 마음을 재충전하도록 하자. 기대한 것을 훨씬 넘어서 몸과 마음이 새로 태어난 듯한 느낌을 갖게 될 것이다.

신토불이란 진짜 맞는 이야기인가?

신토불이(身土不二)란 개념은 나의 몸과 내가 난 땅은 서로 분리해서 생각하지 말고 한 개념으로 이해하라고 한 뜻으로 안다.

다시 말하면 나는 이 땅의 지기(地氣)를 받고 태어났다. 따라서 이 땅에서 생산된 모든 음식물과 나의 기가 서로 일치한다는 뜻이다.

사람들은 누구나 건강하기를 원한다.

건강하려면 자기한테 맞는 음식물을 먹어야 하는데, 자기한테 맞는 음식물은 바로 자기가 태어난 곳에서 생산된 농산물 및 축산물로 만들어진 음식이다.

제2차 세계대전 당시 일본군이 만주를 점령하고 있을 때 일본에서 쌀을 공수해서 먹은 결과 전부 풍토병에 시달리게 되었다. 이때 일본 의사들의 충고로 현지에서 생산한 만주 쌀을 먹으니 풍토병이 없어졌다는 이야기를 어느 잡지에서 읽은 기억이 난다.

만주에서 살려면 만주에서 난 음식을 먹어야 그 지방의 추위 및 기후 등에 중화(中和)될 수 있다는 뜻이다.

현대에는 모든 병을 약으로 고치려고 하는데 약보다는 식사로 고쳐야 하며, 식사로 못 고치는 병은 약으로도 못 고친다고 본다.

또한 현대사회는 '획일성'을 무척 좋아하는데, 이것이야말로 자연의 조화를 깨뜨리는 것에 다름 아니다. '원시인일수록 그리고 야생동물일수록 병이 없다'는 사실은 우리에게 많은 것을 시사해 준다.

우리는 신토불이를 실행하는 것이 건강에 아주 좋다는 사실을 다시 한 번 각인하게 되었을 것이다. 신토불이는 올바른 식사법과도 통할 수 있기에 신토불이와 더불어 '올바른 식사법'을 구체적으로 실행하는 방법을 조목조목 지적하려고 한다.

첫째, 자기가 살고 있는 그 땅에서 나는 음식을 먹어야 한다.

예를 들자면 수입 쇠고기가 맛이 없는 이유는 수입 쇠고기와 나의 몸의 기(氣)가 서로 맞지 않기 때문이다. 또한 원양에서 잡아 온 명태도 나의 몸과 기가 맞지 않기 때문에 맛이 없다.

둘째, 계절에 맞는 음식을 먹어야 한다.

과일은 대부분 몸을 식히는 역할을 하므로, 겨울에 과일을 대량으로 먹으면 우리 몸의 내부가 차지기 때문에 외부와의 저항력이 현저하게 떨어진다.

다시 말하면 계절에 많이 나서 흔하게 먹을 수 있는 음식이 우리 몸에 가장 좋다는 뜻이다.

  봄철에는 냉이가 나는데 냉이는 우리 몸의 간장을 도와주고, 가을에 나는 호두는 기름기가 많아서 겨울에 든든하게 지낼 수 있도록 우리 몸을 보호해 준다.

  셋째, 될 수 있는 대로 통째로 먹어야 한다.

  뱀이 쥐를 먹을 때는 맛있는 부분만 먹고 맛없는 부분은 버리는 것이 아니라 통째로 먹는다는 사실을 생각해 보아야 된다.

  어떠한 생물이든지 전체로 먹으면 그 안에는 중요한 영양소가 다 들어 있어서 영양 상태의 균형을 취할 수 있기 때문이다.

  골고루 먹지 않는 나라, 과학적인 판단에서 이것저것을 먹는 나라가 미국이다. 미국이 세계에서 질병이 제일 많다는 것은 우리에게 여러 가지를 시사해 주고 있다.

  넷째, 전통적인 요리 방법을 선택하여야 한다.

  인도에서는 카레라이스를 자기들에게 맞게 만들어 먹는다. 축 늘어진 상태에서 매운 것을 먹음으로써 기운을 차릴 수 있으며, 이러한 이야기는 각 지역마다 그 지역에 맞는 문화와 지혜가 담겨져 있다는 뜻이다.

  우리가 떡을 만들 때는 계속 쳐서 만드는데, 계속 친다는 것은 떡을 양성(陽性)으로 만들기 때문에 칠수록 더욱 맛이 좋아지는 것이다.

  또 메밀국수를 먹는데 무를 넣는 것은 메밀의 독성을 제거하기 때문이며, 서양 요리에서 감자를 꼭 넣는 것은 동물에 내재한 독을 제거하는 역할을 하기 때문이다. 중국 요리에서는 버섯을 많이 넣어 독을 제거한다.

이처럼 각 지역마다 독특한 요리 방법이 있는데 이것은 오랫동안 그 지방의 기(氣)와 맞추어 온 작업으로 보면 된다. 수천 년 동안 시행해 오면서 신체와 균형이 맞추어졌기 때문에 각 지방마다 시행하는 전통 요리는 그대로 따르는 일이 필요하다.

다섯째, 감사의 마음을 갖고 먹어야 한다. 감사의 마음을 가지고 먹으면 엔도르핀이 쏟아지고, 기분이 나빠지면 아드레날린이 쏟아지기 때문에 감사의 마음을 갖고 식사하여야 한다.

기합을 주고 밥을 먹이면 다들 소화가 안된다고 하는데 이것은 감사의 마음이 들어오지 않기 때문에 일어나는 현상이다.

여섯째, 오래 씹어 먹어야 한다.

실제로 입에서 오래 씹어서 소화가 잘되도록 해야지 그렇지 않으면 위장에 장애가 생긴다. 오래 씹으면 침이 많이 나와 소화를 돕는다. 침은 또한 항암제의 작용도 한다고 한다.

콩의 경우 오래 씹어야지 오래 씹지 않으면 콩 그대로 변으로 나와 체내에 영양분을 공급하지 못한다.

일곱째, 체질을 고려해서 먹어야 한다.

서양 사람은 창자의 길이가 배꼽에서 머리끝까지의 16배가 되고 동양 사람은 18배가 된다. 우리는 일반적으로 육식이 소화가 안되고 채식이 소화가 잘되는 것으로 아나, 실제로는 정반대이다.

서양 사람이 육식을 하는 이유는 육식에는 독(毒)이 많이 있기 때문에 창자를 빨리 통과해야 하고, 반대로 동양 사람은 창자가 길기 때문에 오랜 동안의 소화가 요구되는 채식이 알맞기 때문이다.

이와 같은 몇 가지의 식사법을 지켜서 각자의 건강을 챙기기 바란다. 자기가 난 땅은 걸어서 갈 수 있는 곳, 구체적으로 말하면 자기가 사는 곳에서 40킬로미터 안을 말한다. 그곳이 바로 자기의 고향이 된다.

사주가 신약한 사람이 따라야 할 법

　어떤 여자든지 다리가 늘씬하기를 바라고 다리의 미(美)를 위해 치마를 입고는 예쁜 다리를 내놓고 다닌다. 또한 대부분의 여자들은 요즘 귀를 뚫는 것이 유행이다.

　도덕적으로 짧은 치마를 입는 것이 나쁘다든지 또는 귀를 뚫는 것이 점잖지 못하다는 관점에서 이야기를 하려는 것이 아니다.

　문제는 건강과 어떻게 연결되느냐를 규명하고, 거기에 대처하기 위해서 이 이야기를 꺼내고 있다.

　여자는 남자에 비해서 평균 온도가 1도 정도 낮다고 한다. 그 이유는 남자는 구멍이 9개인데 반해서 여자는 10개가 되기 때문에 아무래도 남자보다 기(氣)가 밖으로 설기(泄氣)되고 있기 때문이다.

　기가 밖으로 새어서 또는 노출이 되어서 더 나쁜 경우는, 사주가 신약(身弱)이거나 금수(金水)가 많은 사람에 해당된다. 사주가 신약한 사람은 평소 기가 약해서 문제가 되는데, 거기다 짧은 치마를 입거나 귀를 뚫으면 기가 자연히 밖으로 빠지기 때문이다.

나는 사주와 상관없이 몸이 아픈 사람이 종아리를 다 내놓고 다니거나 귀를 뚫고 다니면, 의사를 가난하게 보아서 돈을 더 보태 주고 싶어 하거나 아니면 건강 악화를 재촉해서 집안 식구를 다발 근심증에 걸리게 만들 사람이라고 단정한다.

왜 이런 문제를 건강과 연결해서 말하느냐고 나한테 질문하면 건강 악화가 재수를 망치기 때문이라고 답하겠다.

여자들이 짧은 치마를 입으면 다 해롭다는 이야기가 아니다.

사주가 신강(身强)인 경우에는 기를 밖으로 빼 주어야 몸의 균형이 맞추어지므로, 오히려 짧은 치마를 입거나 귀를 뚫는 것을 권장하고 싶다.

이처럼 사람마다 신체적인 조건이 다르기 때문에 각자의 신체에 맞게끔 해야지, 무조건 남이 산에 간다고 나도 따라가면 무슨 일이 되겠는가?

역학은 무엇보다도 조화와 균형을 강조하는 학문인데, 신약(身弱)한 사주가 자기 몸을 노출시키거나 귀를 뚫어서 기를 밖으로 내보내면 건강이 나빠지니 자연 재수도 없게 된다.

사주를 보기 전에 각자 판별할 수 있는 방법은 간단하다. 평소에 몸이 약해서 항상 골골하는 사람은 절대로 과다 노출을 피해야 하며 특히, 겨울에는 항시 손발을 따뜻하게 보호하여야 한다.

그리고 잘 때에도 허리를 지질 수 있게끔 따뜻한 온돌방을 선택하는 것이 좋다.

따뜻한 온돌방은 신체의 기둥에 해당되는 허리의 작용을 유연하게 하면서 동시에 위장을 보호해 주고 신경통 환자에게는 통증이 가시게 하는 등 우리에게 많은 도움을 주는 자연치료법이다.

사주학상으로 너무 신강한 사람은 귀를 뚫어서 설기해야 하고, 신약한 사람은 기가 새지 않도록 몸을 감싸야 한다.

사람마다 몸의 균형을 맞추는 방법이 각각 다르다는 사실을 명심하여 각자의 신체에 알맞게 옷 입는 방법, 옷의 색깔, 또는 귀를 뚫는 것이 좋은지 나쁜지를 잘 구별해서 대처하기 바란다.

임응승 신부님과 정신세계

　수맥을 잘 짚어 내고 묫자리도 잡을 수 있고, 몸의 아픈 데도 바로 아는 신부님이 계신다는 소문은 들어서 알고 있었지만, 임응승 신부님이 쓴 책『수맥과 풍수』라는 책을 읽고 나서 임 신부님을 만나 뵙기로 결정했다.

　그 당시는 역학(易學) 공부에 몰두해 있었던 때라 호기심도 많았다. 신부님과 연락한 결과 토요일에 강의를 한다는 사실을 알게 되었다.

　처음 뵙자마자 나는 깜짝 놀랐다.

　보통 사람한테서 나오지 않는 영기(靈氣)가 그의 몸에서 흘러나옴을 직감적으로 느낄 수 있었다. 그런 영기는 고도의 기 수련을 많이 하거나 득도(得道)를 통해서만이 나타나기 때문이다.

　만약 그가 신부님이 되지 않으셨다면 지금쯤은 어떤 일을 하고 계실까?

아마 전국적으로 유명한 무당이 됐거나 득도한 훌륭한 스님이 됐을 거라고 자문자답해 본다.

아무튼 임응승 신부님은 처음부터 정신세계와 깊은 인연이 있는 사람으로 느껴졌다. 신부님은 역학에 관해서는 흥미는 있지만 알지는 못한다고 말씀하셨다.

그때 네 사람이 같이 갔었는데 신부님은 열쇠를 가지고 오시더니 각자의 어깨 근처에 열쇠를 고정시켜 놓고 한 사람씩 테스트를 했다. 내가 마지막 차례였는데 세 사람은 열쇠가 흔들리지 않았으나 나의 옆에 오니 열쇠가 굉장히 흔들렸다.

임 신부님은 나에게 "정신세계와 깊은 인연이 있으니 앞으로 더욱 열심히 하라"고 격려해 주셨다.

이런 인연으로 임 신부님의 강의를 듣게 되었다. 그 강의를 통해서 들은 여러 가지 좋은 이야기는 두고 두고 나의 정신 세계에 길잡이가 되고 있다.

임응승 신부님의 강의를 통해서 들은 이야기 중 여러 독자한테 도움이 된다고 판단되는 생수(生水) 관계, 건강 관계, 집터 관계, 산소(묘지) 관계의 네 가지를 기술키로 한다.

◆ 생수

지표수는 오염도가 심해서 쓸 수가 없고, 온천수 등은 말라 버려서 많은 양을 쓸 수 없기 때문에 여기서는 주로 생수만 갖고 논하기로 한다.

생수는 온도가 13도~14도에 속하는데 평균 지상으로부터 8미터~9미터를 파면 나오게 된다. 생수는 추울 때는 미지근하고 여름에는 시원하며 김이 무럭무럭 나는 것이 특징이다.

소위 생수(수맥과 같다)가 노출된 것을 옹달샘이라 하는데, 노루 등 짐승도 이 물을 먹는다.

일반 가정에 공급되는 수돗물은 빨래, 목욕용으로 쓰고 생수는 먹는 물로 사용하면 균형을 맞출 수 있다고 본다.

수맥은 새끼손가락만 한 넓이에서도 하루에 수십 톤의 물이 쏟아지는데, 생수를 찾는 방법으로는 전파탐지기나 영감(靈感), 또 요즘 많이 나와 있는 수맥을 찾는 추나 기구를 사용하면 된다.

또한 수맥이 지나가는 곳에 사람이 있으면 몸이 아프고 기계는 고장이 잘 나며, 양계장인 경우에는 닭이 알을 낳지 못한다.

사람으로서는 수맥을 타는 체질과 안 타는 체질이 있다.

자연현상으로 수맥이 지나가고 있다고 판단되는 경우는 다음 네 가지로 확인할 수 있다.

① 논이 꺼진다.

② 산사태가 난다.

③ 벽이 갈라진다.

④ 일반적으로 계곡에는 수맥이 지나간다(수천 년 동안의 수맥 운동 때문에 땅이 꺼져서 계곡이 된 것이다).

요는 물이 좋아야 음식 맛이 좋고 염색도 잘 되며 도자기도 만들면 좋은 색깔이 나는 법이다.

좋은 물과 나쁜 물을 간단히 구별하는 방법이 있다. 좋은 물에 침을 뱉으면 확 헤어지며, 빨래를 해 보면 때도 잘 진다. 반면 나쁜 물은 침을 뱉으면 흩어지지 않고 가래가 위로 올라오거나 밑으로 내려가며 일주일 정도 병에 그 물을 보관하면 색깔이 변한다.

생수를 개발해서 쓰고 남은 여력으로 외국에 수출까지 하는 것은 국익에 도움이 되는 일이다. 세계에서 물장사를 해서 가장 재미를 본 나라가 스위스가 아닌가 생각된다.

◆ 건강

건강은 기질적 질병과 심리적 질병이 있다.

기질적 질병은 자기 몸 관리를 잘못한 데서 온 것으로 예를 들면 싸워서 얻어 맞아 상처가 생기는 경우이다. 전체 병 원인 중에서 20%를 차지하고 있다.

심리적 질병은 병의 원인 중에서 약 80%를 차지하는데 이 병은 자기 마음의 교란에서 온 것으로 마음의 불안, 초조, 적개심, 복수심, 공포증 등 심리적 원인에 기인한다.

이러한 심리적 질병을 해결하는 데는 기쁘게 사는 것이 최고의 해결 방법이다.

즐겁게 사는 것과 기쁘게 사는 것은 차원이 다르다. 기쁘게 사는 것이야말로 가장 좋은 치료법인데 가난한 사람을 위해서 희사하는 것, 봉사하는 것을 예로 들 수 있다. 이 행위는 몸 안의 엔도르핀을 끌어내기 때문에 자기 자신이 봉사했다는 사실만 생각해도 뿌듯하고 행복해진다.

이렇게 기쁘게 사는 것이야말로 심리적 질병의 가장 좋은 치료제가 된다.

그 다음 기질적 질병은 자기 마음의 수양에서 어느 정도 고쳐지리라고 본다. 따라서 건강하려면 우선 첫째로 기쁘게 살 것을 권하고 싶다.

둘째로 과로가 모든 병의 원인이 됨을 알고 피해야 한다.

요즘은 회사에서 근무하다가 죽는 사람이 있는가 하면 잠자리에 들 때는 멀쩡했는데 아침에 일어나 보니 죽어 있는 경우가 심심치 않게 발생하는데 다 과로에 해당된다.

일본에서도 요즘 과로로 자기의 수명을 다 채우지 못하고 죽는 사람이 많아지고 있다고 한다.

저녁 12시에 집에 들어가서 새벽 5시면 집에서 출근하는 사람이 있는데 이러한 사람들은 수면 부족으로 피로가 누적되어 자기의 수명을 다 채우지 못하고 간다.

이러한 사람들은 자기의 일 욕심 때문에 건강을 해치고, 나중에는 가족들한테 무책임한 사람으로 낙인이 찍히게 된다.

과로는 사람의 수명을 단축한다. 그러니 정 안되면 낮에 잠깐이라도 눈을 붙여서 만성 피곤을 줄여야 한다.

간단한 예로 어린아이들을 보면 낮에 졸음이 오면 그대로 잔다. 이것이 가장 자연적인 현상이다.

세번째로 과음ㆍ과식을 피해야 한다.

과음과 과식을 하면 우선 육체적으로 보아서 방광, 신장, 위장에 이상이 생긴다. 또한 몸이 나른해지고 둔해진다.

요즘은 배 나온 사람은 신사로 취급하지 않으니 보이는 것을 중시하는 지금 세상에서는 더더욱 식사 조절을 잘해야 하지 않겠는가.

건강한 육체에서 건강한 정신이 나온다는 말이 옳음을 알고 명심하기 바란다.

◆ **집터**

풍수지리(風水地理)란 한마디로 자연에 순응함을 가리킨다. 자연스럽고 편안한 집터란 첫째, 안정된 자리를 말하고 둘째, 안온한 자리를 뜻한다.

안정된 자리는 우리가 등산할 때에 쉬고 싶으면 벼랑 끝에 기대어 쉬는 것이 아니라 안정감 있는 자리에서 편안하게 쉬는 것처럼 바로 이러한 장소를 가리킨다.

산을 끼고 있으면 산 중턱의(사람으로 보면 어깨에 해당된다) 햇빛이 잘 들고, 집을 지으면 한쪽으로 쏠리지 않는 안정감 있는 집을 지어야 살아가는 사람이 편안하다.

그렇지 않고 절벽 거의 끝에다 집을 지으면 항시 쫓기는 기분이 되어 집안 식구가 불안하게 되므로 자연히 건강도 해치게 된다.

국가 건물로 본다면 감사원 자리가 삼청동에 있을 것이 아니라 지금의 국방부 자리로 옮겨 가야 하고, 국방부 자리는 남이 잘 보이지 않는 곳으로 옮겨야 한다.

너무 큰 대로변에 국방부 건물이 웅장하게 자리 잡고 있으니 군대가 판을 칠 수밖에 없지 않은가?

집 안에는 큰 나무는 심지 않는 것이 좋다. 나무가 커지면 그늘이 져서 햇빛을 차단할 뿐 아니라 사람에게 겁을 주게 된다. 지붕보다 나무가 더 크다면 아주 나쁘다.

그리고 풍수에서는 집 안에 연못을 파면 역시 아주 안 좋은 것으로 취급하고 있다. 수맥이 지나가는 곳에 집을 지으면 집안 식구들의 우환이 계속된다는 것이 여러 사람의 증언이다. 중풍에 걸리고 아이들이 저능아가 되는 경우가 많다.

수맥과 함께 확인해야 되는 것은 집을 짓기 전에 그 터에 옛날에 무덤이 있었는가의 여부도 조사해야 한다.

시체가 밑에 있다면 불도저로 밀어 버리지 말고, 남의 산소라도 정중히 예를 지내고 이장해야 한다.

이렇게 한 뒤 집을 지어야 하고, 집을 짓더라도 될 수 있으면 메운 장소는 피해야 한다. 바닥에 쓰레기나 시멘트 등이 많이 있으면 땅에서 올라오는 지기(地氣)를 차단해서 건강이 나빠지기 때문이다.

무엇보다 안온한 자리가 필요한데 큰 집의 모서리에 걸리는 집이나 골목의 끝 집 등은 안온한 맛이 없으니 선택하지 않는 편이 좋다.

이러한 집의 위치는 첫째는 집안 식구들의 건강과 직접적인 관계가 있고 둘째는 가운(家運)과도 직접 연결되기 때문이다.

이것이 다 기(氣)의 작용이다. 집에 들어가기가 싫고 집에 들어가면 어쩐지 음산한 기분이 드는 경우에는 그 집과 기가 맞지 않으니 다른 데로 이사하는 것이 좋다.

◆ 산소(묘지)

임응승 신부님께 왜 신부의 직책에 있으면서 산소 문제에 관심을 갖게 되었는가를 여쭈어 본 일이 있다.

처음에는 수맥에 관심이 있어서 수맥이 지나가는 산소를 확인해 보니 그 장소에 풀이 안 나고 황함은 물론, 자손들의 건강이 안 좋으면서 사업도 실패한 것을 알 수 있었다고 한다. 그때부터 산소가 후손과 관계가 있는 것으로 단정하고 연구를 하기 시작했다는 것이다.

산소의 위치 역시 첫째는 안정감이 있어야 하고, 둘째로는 햇빛이 잘 들어와 아늑한 자리여야 한다. 셋째는 수맥이 지나가지 말아야 하며, 넷째는 묻은 시체 밑에 다른 시체가 없어야 한다.

만약 앞에서 열거한 4가지 중에서 한 가지만 해당돼도 그 자손이 아프게 된다. 돌아가신 분과 평소 가장 가깝게 지냈던 사람이나 아니면 돌아가신 분이 가장 가깝다고 느끼는 사람이 아프도록 함으로써, 돌아가신 분이 내가 나쁜 자리에 묻혀 있으니 빨리 이장해 달라는 신호 내지 하소연이라는 것이다.

산소를 쓸 때는 계곡이나 능선은 안정감이 없어서 안 좋고, 메꾼 땅도 안 좋다. 이왕 메꾸려면 마사토를 써야 물이 슬며시 스며 들어서 좋으며 만약 찰흙을 쓴다면 물이 빠져나가지 못하고 꽉 차 있기 때문에 아주 좋지 않다. 이는 돌아가신 분을 물속에 잠기게 한 이치와 똑같다 하겠다.

보통 사람들이 그 산소가 좋은가 혹은 좋지 않은가를 테스트할 수 있는 방법은 나무나 풀이 정상적으로 자라는 곳인가의 여부를 두고 판단하면 된다. 산소 옆에 길이가 50센티미터 정도 되는 소뼈를 묻었다가 3년~4년 후에 파 보아서 색깔이 보기 좋게 노래지면 그 자리는 좋은 산소이고, 소뼈의 색깔이 시커멓게 죽어 있으면 그 자리는 좋지 않는 걸로 보면 된다.

아무리 좋은 산소라도 쥐, 뱀, 지렁이가 들어가는 것은 막아야 한다. 나가고 들어오는 자리에 뱀이 있는 경우는 조개껍질이 섞여 있는 바닷모래를 쓰거나 담배를 뿌려 놓으면 예방할 수 있다.

뱀이 산소에 출입하면 후손들이 술독에 빠지게 되고, 쥐가 출입하면 후손들의 손버릇이 나빠지며, 밤에만 움직이는 지렁이가 출입하면 후손들이 밤에만 몸이 아픈 것이 특징이다.

장소를 동물과 비교한다면 꿩들이 놀거나 불개미가 노는 자리가 좋다. 그 이유는 꿩은 예민해서 나쁜 자리에서는 놀지 않기 때문이다.

이와 같이 안정감이 있고 아늑하며, 햇빛이 잘 들어서 풀과 나무가 잘 자라고 수맥이 지나가지 않고 시체 밑에 다른 시체가 없어야 하는 등 몇 가지 조건만 갖추면 훌륭한 산소라 할 수 있다. 덧붙여 이왕이면 자손들이 자주 찾아 볼 수 있는 교통이 편리한 곳에 모시는 것이 좋다.

운이 나쁠 때는
화장이 받지 않는다

성년이 된 여자들 중 극소수를 빼고는 다 화장을 하고 있다. 요즘은 남성들도 여성 못지않게 화장하는 사람들이 늘어가고 있는 추세이다. 화장이란 얼굴에 화장품을 바르고 매만져 곱게 꾸미어 남에게 젊고, 예쁘게 보이는 것이 목적인 것 같다.

그런데 이런 화장이 운명과 바로 연결되어 있다는 것을 이 명리학 공부를 하고 나서 깨닫게 됐다.

남녀를 불문하고 운이 좋을 때는 혈액순환이 좋아지기 때문에 남자들인 경우에는 약을 먹지 않고도 회춘이 된다.

회춘이 되는 경우에는 얼굴은 붉은 기운에 눈은 맑아지고 성욕이 증진된다.

누구든지 운이 좋으면, 특히 재운이 좋은 작용을 하게 되면 자신도 모르는 사이에 몸에 힘이 솟으며 누구한테든 떳떳하게 자기를 내세울 수 있게 된다.

이럴 때, 건강도 좋아지면서 바로 재수도 있게 된다.

공직자는 승진하게 되고, 사업가는 일확천금하게 되며 대학교수는 좋은 논문을 써서 인기를 얻게 된다. 평소에 악처같이 보이던 마누라는 그렇게 순하고 착한 부인으로 돌변한다.

이와 같이 건강과 운은 같은 주기를 그리는데, 운이 나쁠 때는 우선 얼굴이 꺼메지고 얼굴의 색깔이 광이 나지 않으며 부석부석하게 된다.

이처럼 운이 좋고 나쁨에 따라 얼굴 색깔은 좌우된다. 특히 여자들은 운이 나쁠 때는 화장이 잘 받지를 않고 화장이 뜬다.

이유는 운이 좋으면 혈액순환이 좋아지기 때문에 알맞은 수분이 촉촉하게 얼굴 표면에 형성되므로 화장을 하면 그대로 화장이 잘 되는데, 운이 나쁠 때에는 얼굴의 습기가 너무 적거나 너무 많아서 화장에 지장이 있기 때문이다.

습기가 너무 적은 경우에는 수분의 부족으로 화장이 잘 받지를 않고 너무 많은 경우에는 화장이 잘 지워진다.

운이 나쁠 때는 얼굴 표면의 수분이 균형을 잃으므로 얼굴빛이 나빠지면서, 동시에 얼굴이 꺼메지고 기미가 많이 끼고 얼굴에 빛이 나지 않게 되는 것이다.

이렇게 운이 나쁠 때 조금이나마 얼굴을 좋게 만드는 방법이 있다. 우선 운동을 해서 혈액순환이 잘되게 하고 불교에서 말하는 참선이나 기공 명상을 통해서 자기의 마음을 다스리는 일이다.

  여기서 마음을 다스리려면 마음을 비우고 겸손하게 살아야 한다.

  이 세상을 살면서 가장 어려운 것이 자기의 마음을 다스리는 행동이다. 그러나 어렵더라도 더 예뻐지려면, 무엇보다도 힘든 시기에 인생을 망치지 않고 이겨 내기 위해서는 자기의 마음을 다스리는 방법이 가장 좋은 일이다.

사주가 좋은 사람은
건강하고 여유가 있다

사주의 8자(八字)가 균형을 이루고 있으면 건강하다고 볼 수 있는데 이렇게 건강한 사람도 대운이 나쁘게 들어오면 대운에 의해서 나쁜 걸로 나타난다.

반대로, 사주의 8자가 좀 부실하다고 해도 10년마다 바뀌어지는 대운에서 어느 정도 균형이 맞춰지면 건강은 회복이 된다. 그러나 이 좋은 운이 지나가면 건강은 다시 나빠진다.

우선 운이 나쁠 때는 초조하고 불안하고, 쫓기는 기분이 되기 때문에 여유가 없어 보인다.

운이 나쁠 때는 쓸데없는 고집 때문에 손해를 많이 보고, 내 돈 쓰고 병신되는 일이 많으며, 위법행위를 저질러서 법의 심판을 받게 되고, 계산이 앞서기 때문에 앞으로는 남는 것처럼 보이나 뒤로는 밑지며, 한 푼 벌기 위하여 닷 푼을 투자하는 어처구니없는 행동을 하게 된다. 뿐만 아니라 불필요한 일로 남과 다투게 되고, 구설·관재 송사·모략·누명 등이 발생되고, 죽도록 노력해도 공(功)은 타인에 돌아가며 건강이 나빠지는 등 재수가 없게 된다.

따라서 이런 상황에서는 술자리에서 쓸데없이 상사를 비판해서 상사의 미움을 산 결과 좋은 직장을 그만두는 악순환이 계속되기도 한다. 또한 그렇게 믿었던 부하들이 다 자기를 떠나 버리기도 한다.

운이 나쁠 때 재판하면 재판에서도 진다. 운이 나쁠 때는 증인이 자기한테 불리한 증언을 하게 되고 자기한테 유리한 증거는 채택되지 않는다.

건강도 나빠지기 때문에 재판의 의욕도 없어진다. 그리하여 소극적으로 끌려가기 때문에 재판에서 질 수밖에 없다.

여자들의 경우는 이유도 없이 남편이 미워 보이고, 서글픈 생각이 들어가며 이럴 때 바람을 피우는 일이 생기게 될 수 있다. 그것도 애인이라고 만나는 사람이 여자의 약점을 물고 늘어져서 공갈이나 치는 제비족에 걸려들게 된다.

거꾸로 남자들인 경우 여자한테 뒷발목이 잡혀서 재산이 없어지면서 망신을 당하게 된다.

운이 나쁠 때는 욕심을 내어 뇌물을 먹거나 무리수를 행하면 관재로 형무소에 가거나, 사업가인 경우는 부도가 나서 거지가 된다.

이처럼 운이 좋지 않은 시기에는 우선 마음을 비워야 하고 겸손해져야 살아남을 수 있다.

　이와 반대로 운이 좋아졌을 때는 우연찮게 적은 것이 큰 것으로 돌변하고, 남의 것이 내 것이 되며, 지출이 줄어들고 수입이 늘어나며, 소화가 잘 되고, 말만하면 돈이 생기는 등 쉽게 돈을 벌고 추리력, 예지력, 응용력, 상상력이 그대로 적중하며, 재수가 좋기 때문에 돈 생기고 승진하고, 돈을 갈쿠리로 긁게 되며 직장인은 자기가 다니던 직장의 상사로부터 인정을 받기 때문에 입맛대로 골라가면서 바빠진다.

　더불어 승진하고 돈을 갈쿠리로 긁게 되며 직장인은 자기가 다니던 직장의 상사로부터 인정을 받기 때문에 바빠지며 입맛대로 골라가면서 일을 할 수 있다.

　그리고 가정에 들어가면 자식이나 아내가 우러러보고 존경을 하며, 옛날에 나를 귀찮게 했던 사람들은 내 앞에 무릎을 꿇고 사과하게 된다.

　이런 상황에서는 마음이 즐겁기 때문에 혈액순환이 잘되고 소화가 잘되어 건강이 자연히 좋아진다. 이럴 때 운동을 하면 금상첨화라 할 수 있다. 이럴 때는 30분 운동하면 컨디션이 나쁠 때의 1시간 이상 운동하는 효과를 가져온다.

　운이 좋은 사람인 경우, 감정할 때 매우 까다롭고 성질이 더럽다고 좀 비꼬아도 허허 웃기만 한다. 그만치 마음의 여유가 생기기 때문이다.

1년~2년을 운(運)에서 얻어맞더라도 그 정도는 자체의 저항력으로 버틸 수 있지만 10년 정도 강타를 당하면 버틸 장사가 없다.

반면 운이 좋으면 건강이 좋아지기 때문에 마음의 여유가 생기고 상대방을 제압할 수 있는 자장파(磁場波)가 몸에서 발생되기 때문에 그는 틀림없이 승리자가 될 수밖에 없다.

조기교육은
패륜아를 양산한다

요즘 이 집 저 집에서 낳은 지 얼마 되지 않은 아이에게 영어 공부, 피아노 공부, 웅변 연습을 시키고 심지어는 초등학생인데도 방학이면 미국에 어학연수까지 보낸다.

물론 일찍 머리를 개발하고 오리지널 미국어를 어릴 때부터 익혀서 국제 무대에 진출하는 데 도움이 된다는 긍정적인 측면도 있을 것이다. 하지만 이렇게 어릴 때부터 설치는 이유 가운데 큰 것은 자기 아이가 남보다 더 머리가 개발된 천재를 만들고자 함에 있다.

어릴 때 천재라고 신문에 나고 매스컴의 각광을 받았던 사람들이 성년이 되어서도 우수하다고 인정받은 경우는 별로 없다.

이것은 무엇을 이야기하는가?

조기교육을 시키면 머리가 남보다 뛰어나고 두뇌가 빨리 발달되는 것은 사실이다. 문제는 자연스럽게 성숙되는 것이 아니고 자기 나이보다 더 빨리 억지로 성숙하기 때문에 자기 또래들과의 대화에는 별로 재미를 느끼지 못하고 자기 나이보다 성숙한 연상과의 대화를 모색한다는 데 있다.

한마디로 이야기해서 자기 나이 또래와 노는 것은 재미가 없다는 뜻이다.

예를 들면 올해 10세짜리와 대화가 됐다면 내년에는 당연히 11세짜리와 대화를 하여야 하는데 바로 15세짜리와 대화하기를 원한다. 1년 사이에 육체는 1년의 세월이 지나갔지만 정신은 5년이나 성장해 버렸기 때문이다. 그리고 그 이듬해에는 20세짜리와 대화를 해야 만족스럽다.

흔히 나이가 많은 사장이나 회장들은 젊은 여자와 대화하고 그들과 즐기려고 한다.

그 이유는 젊은 여자와 대화함으로써 젊은 기(氣)가 늙은 사람의 몸 안으로 유입되는 작용을 하여 늙어 가는 육체를 더디게 만들고 또한 젊은 기가 몸에 축적됨으로써 매일매일 생활하는 데 새로운 활력소가 생겨나기 때문이다.

그와 반대로 그 젊은 여자는 정신적으로 조로증(早老症)에 걸리게 된다. 이렇게 조로하게 되면 젊은 기운은 점점 없어지고 의젓해져 시간이 지나면 늙은 사람과 정신적으로나 육체적으로나 균형이 맞게 된다.

정신적으로 늙게 되면 육체도 거기에 따라가게 된다. 간단한 말로, 자기보다 젊은 사람과 놀면 젊어지고 자기보다 나이 많은 사람과 놀면 자기도 모르는 사이에 늙어진다.

계속 천재 쪽으로 진행한다는 것은 조로가 기하 급수적으로 빨라진다는 것을 의미한다.

끝에 가서는 죽는 일 외에 무엇이 남겠는가?

혼자 죽는 일은 국가가 투자한 데 대한 손실로 끝나지만 역학적으로 분석해 보면 더 엄청난 사실이 숨어 있다.

그 엄청난 사실이란 부모가 그렇게 천재가 되기를 원하고 그렇게 아꼈던 아이가 자기의 어머니, 아버지를 죽이는 패륜아가 된다는 사실이다.

오행(五行)을 역학적인 면에서 성격으로 비추어 본다면 목(木)은 인정에 해당되고, 화(火)는 예의에 해당되며, 토(土)는 신용에 해당되고, 금(金)은 의리에 해당되며, 수(水)는 지혜에 해당된다.

우리가 조기교육을 시키고 공부를 열심히 하는 것은 다 지혜를 발달시키기 위해서이다.

지혜롭고 슬기롭게 모든 일을 처리하고, 꾀가 남보다 많아야 이 험한 세상을 사는 데 도움이 될 거라고 생각해서 지혜 위주의 교육에 치중하게 된다.

지혜는 수(水)에 해당되는데, 수는 흘러가는 물이니 그대로 있지 않고 수극화(水剋火)를 하게 된다.

화(火)는 무엇인가?

바로 예의와 효도에 해당된다. 그런데 지혜가 발달될수록 예의와 효도는 무너진다.

우리가 자라날 때만 해도 버스에서 어른이 오면 자리를 양보하는 일을 당연하게 생각했다.

요즘은 어떤가? 전철을 타 보면 학생을 위시한 젊은 세대는 노인을 보고도 자리를 양보하지 않는다. 지그시 눈을 감고 자는 흉내를 낸다. 한 치도 손해 보지 않겠다는 태도이다.

수극화는 수(水)가 화(火)를 잠재움을 의미하는데, 바로 화가 예의요 효도에 해당되니 예의를 갖추고 효도를 하는 것은 지혜롭게 살지 못하는 일이라는 극단론에 빠지게 된다.

20대~30대의 주부님들. 여러분이 그렇게 아꼈던 여러분의 자녀는 여러분의 잘못된 교육에 의해서 여러분이 힘이 없을 때 여러분을 거세하고 여러분을 박해하는 패륜아로 돌변하게 된다.

대학교수가 아버지를 살해했다고 해서 대서특필하고 비관적인 입장에서 보도를 한 사례를 다들 기억할 것이다. 그 외에도 어린 자식이 부모를 살해했다는 보도가 잊힐 만하면 보도된다.

필자가 볼 때 이것은 각 개인의 문제가 아니고, 사회 전체적인 분위기에서 온 것이기 때문에 지금의 조기교육을 중단하고 자기 나이에 맞게 자연스러운 교육과정을 밟도록 해야 한다. 그렇지 않고 세간의 시선에 만족하기 위해 자식을 길들이고자 한다면 제2, 제3의 패륜아를 막을 길이 없다.

내가 미국에서 공부하고 있을 때 옆집의 나이 많은 아버지가 병원에 입원한 일이 있었다. 그 아버지가 퇴원하면서 아들에게 병원까지 차를 가지고 오라고 전화하니 아들이 말하기를, 퇴원하면서 무슨 사치스럽게 병원까지 차를 가지고 가냐며 왕복 휘발유 값이 더 비싸게 드니 버스를 타고 들어오라고 해서 그 늙은 부모가 서러움에 펑펑 우는 것을 본 일이 있다.

미국은 예의와 효도가 이미 파괴된 사회이다. 이런 면에서는 더 이상 서구 사회를 본받을 필요가 없다.

앞으로 조기교육과 지혜 위주의 교육을 수정하지 않는다면 패륜아가 계속 발생하는 불행한 사회가 될 것이다.

궁합에 있어서 가장 중요한 점

사람이 세상에 살아가면서 가장 중요한 것이 결혼이요, 부부 관계라 할 수 있다. 서양에서는 '두번째 탄생'으로까지 해석하여 결혼을 인생에서 가장 중요하게 생각하고 있다.

세상을 살아가면서 가장 가깝고 또한 먼 것이 부부 관계이다. 따라서 부부는 서로 상대방의 잘못을 덮어 주고, 책임을 져 주어야 하며 서로 믿어야 한다.

사람은 누구나 다 장단점을 가지고 있다.

미울 때는 장점은 보이지 않고 단점만 보이게 된다. 단점만 가지고 확대해석할 때 부부 관계는 악화된다.

그러면 구체적으로 부부 관계란 어떤 상태가 가장 이상적인가?

우리가 매일 쌀밥을 먹는 것과 같은 상태가 가장 이상적이라 할 수 있다.

이것을 쉬운 말로 풀어 보면 쌀밥은 매일 먹어도 싫증이 나지 않는다. 만약 쌀밥이 매우 달거나 쓰거나 한다고 가정하면 계속 먹을 때 곧 싫증이 날 것이다.

그런데 쌀밥은 달거나 쓰지도 않으면서 배고프면 또 찾게 된다. 이와 같이 부부 관계란 쓰지도 달지도 않아야 한다.

달다는 것은 사랑의 농도가 아주 짙은 것을 가리키는데, 사랑의 농도가 아주 짙으면 둘 중의 하나에게 불상사가 일어나게 된다.

예를 들어, 평생 쏟아야 할 정(情)을 5년 안에 다 쏟으면 더 쏟을 정이 없기 때문에 결국은 변고가 발생하고 만다.

또한 쌀밥이 쓰다고 하는 것은 부부가 매일 싸우는 상태를 가리키는데 이 또한 일생 해로하는 데는 도움이 되지 않는다고 볼 수 있다.

대부분 필자한테 인생 상담하러 오신 분들 중 특히 여자분들이 "우리 부부 관계는 왜 이렇게 무덤덤합니까?"라는 질문을 많이 하는데 그 무덤덤하다는 말은 곧 싫증을 느끼지 않고 부부 관계가 오래 지속된다는 뜻이다.

그러므로 부부 관계에 이상이 없음에도 "다른 부부는 다 행복해 보이는데 우리 부부는 왜 이럽니까?" 하는 질문을 하는 것은 바로 남의 떡이 더 커 보이기 때문이다.

이제부터 궁합의 조건을 하나하나 제시함으로써 앞으로 결혼할 젊은이들한테 도움을 주고자 한다.

첫째, 상대방의 부족한 기(氣)를 서로 보충해 주어야 한다."

이러한 것을 나는 '합성법(合性法)'이라고 부르는데, 합성법이란 '계절의 감각'을 서로 맞추는 것을 말한다.

예를 들면 더운 여름에 태어난 사람은 시원한 에어컨 바람이 필요하고 추운 겨울에 태어난 사람은 따뜻한 난로가 필요한 법이다.

내가 여름에 태어나서 몸 전체가 뜨겁고 심하면 후덥지근하게 되는데, 이때 아내가 가을에 태어나서 시원한 에어컨 역할을 한다면 얼마나 잠이 잘 오고 생활에 활기가 돌겠는가? 또 아내의 입장에서 보면 가을에 태어나서 몸이 차가운데 남편이 자동 난로 역할을 해 주니 얼마나 편하겠는가?

물론 원칙적인 이야기이지 가을에 태어난다고 다 시원한 것은 아니다.

필자가 감정을 해 본 결과, 너무 화(火)가 많은 사람은 수(水)를 필요로 하는데 수가 많은 여자는 유흥업소에 근무를 하는 경우가 많다.

따라서 화가 많은 남자는 유흥업소를 자주 출입하게 된다. 그의 부모가 볼 때는 "저 미친 놈" 하지만 그 남자는 그렇더라도 유흥업소를 좋아하게 된다. 거기에 가면 자기의 몸이 균형이 맞추어져 자연히 몸이 편안해지기 때문이다.

'합성법'이 잘될 때는 다른 조건이 안 맞아 서로 싸우더라도 헤어지지 않고 일생 해로하게 된다. 이를 볼 때 합성법이야말로 부부

생활의 가장 기초가 된다고 볼 수 있다.

곧 이 합성법이 상대방의 부족한 기를 건강하게 보충하는 방법이다.

보통 남자들이 여자를 선택할 때 너무 예쁜 것을 많이 찾는 경향이 있다. 하지만 부인이 너무 예쁘면 이 남자 저 남자가 쳐다보게 되고 남자들이 쳐다보는 기(氣) 때문에 남자들의 기가 몸에 차곡차곡 축적된다.

그리하여 자기도 모르는 사이에 결국은 허물, 허물, 허물어져 버린다.

결국은 그 예쁜 부인을 둔 남편은 이러한 것을 몸으로 감지하게 된다. 이런 환경하에서는 남편은 의처증 환자로 변해 가며, 결국은 불쌍한 남자로 전락하게 된다.

이런 이유로 나는 미(美)보다 건강 쪽을 선택하라고 권하고 싶다.

둘째, 서로 기(氣)가 맞아야 한다. 기가 맞으면 서로 이해하려고 애를 쓰고, 기가 맞지 않으면 서로 트집을 잡으려고 하기 때문이다.

아침에 남편이 출근할 때 뒤에서 불평불만을 하지 말아라. 뒤에서 불평불만을 하면 나쁜 기가 계속 남편한테 축적이 되기 때문에 그날 하루 내 되는 일이 없다.

셋째, 서로의 성격이 중화되어야 한다.

한쪽이 까다로우면 다른 쪽은 부드럽다든지, 한쪽이 강하면 다른 쪽은 약하든지 해야 한다.

남자가 순하고 연약하면 여자는 말같이 억센 여자가 좋다. 둘이 다 강하면 그 집은 살벌하고, 둘이 다 약하면 그 집은 생활 자체의 위협을 받는다. 따라서 성격적인 면에서 서로 보완해 줘야 한다.

넷째, 상대방의 관리 능력과 기능 능력을 확인해야 한다.

사주는 자체가 각자의 사주에 해당되는 본인의 관리 능력과 기능 능력을 잘 나타내고 있다. 관리 능력이 없는 사람은 50평 아파트를 무상으로 줘도 관리 능력이 없기 때문에 그 아파트를 유지하지 못한다.

자격이 없는 사람은 정부의 국장으로 발령을 내도 그 자리를 관리 능력의 부족으로 유지하지 못한다.

남자가 관리 능력이 없으면 집안을 제대로 끌고 갈 수 없고 여자가 관리 능력이 없으면 남편이 벌어 온 돈을 저축하지 못하고 다 탕진하고 만다.

또한 기능 능력 면에서도 태어나면서 각각 다르기 때문에 어떠한 기능에 능력이 있는가를 확인해야 자기와 맞는지 안 맞는지 확인할 수가 있다.

공산주의가 망한 원인도 인간이 태어나면서 가지고 있는 관리 능력과 기능 능력을 무시하고 획일적인 사회를 만들었던 데 있지 않나 생각된다.

그리고 관리와 기능 능력이 좋다고 하더라도 어느 정도 그 운이 지속되는가를 확인해 봐야 한다.

아무리 능력이 있다 하더라도 대운이 전혀 없으면 일생 동안 사기꾼으로 살다가 간 사람을 우리는 숱하게 보아 왔기 때문이다.

다섯째, 신체적인 균형과 성적인 균형을 확인해야 한다.

신체적인 균형이란 한쪽이 비만 체질이라면 한쪽은 늘씬해야 한다. 둘이 다 뚱뚱하면 당장 성생활에 지장이 많고, 아무리 품으려 해도 품어지지 않으니 결국은 품 밖에서 놀게 된다.

우리는 사주를 통해서 처녀 때는 늘씬했는데 아기를 낳은 뒤 오천 평이 되는 경우를 구별할 수 있고, 처녀 때는 몸이 아파서 골골했는데 아기를 낳고 나면 씻은 듯이 옛날의 잔질(殘疾)이 사라지는 경우를 확인할 수 있다. 이것들 모두 사주를 통하지 않고는 도저히 알아낼 수가 없는 것이다.

성적인 균형은 남자가 조루증에 해당되면 여자는 불감증과 연결시켜 주어야 그 가정이 원만하다.

남자는 조루증인데 여자가 성을 지나치게 밝힌다면 결국은 그 남자는 일찍 요사(夭死)할 가능성이 많고, 여자가 불감증인 경우에 남자가 성적으로 왕성하다면 여자는 잠자리가 고문받는 식으로 싫을 것이다. 그렇게 되면 그 남자는 밖에서 욕구를 충족시킬 수밖에 없어서 결과적으로 가정이 파괴된다.

여섯째, 상대방 가족과의 관계를 고려해야 한다.

아버지가 일찍 돌아가셔서 홀어머니 밑에서 자란 여자는 남편이 남편이면서 동시에 근엄하고, 인자한 아버지의 역할까지 해 주기를 바라게 마련이다.

　또한 어머니가 일찍 돌아가셔서 어머니 없이 애정에 굶주려 자라 온 남자는 그 부인에게 부인이 됨과 동시에 따뜻하고 매사에 자기를 챙겨 주는 어머니의 역할까지 기대하게 된다.

　그러므로 궁합에서는 이러한 문제도 따져 봐야 한다. 가령 어머니 없이 자란 남자는 애정을 베푸는 여자를 원하는데, 거꾸로 사랑만 받기를 원하는 여자를 만난 경우에는 서로의 자라 온 환경 차이 때문에 원만한 결혼 생활을 못하게 된다.

　마지막으로 이러한 제반 조건이 갖추어지더라도, 언제든지 하고 싶다고 해서 자기 마음대로 결혼이 이루어지는 것은 아니라는 점을 알아야 한다.

　결혼할 때는 결혼할 시기가 따로 있다.

　처녀들이 결혼하고 싶다고 생각되는 포인트가 어디서 출발하게 되는가?

　고독이 뼛속으로 깊숙이 들어와야 발동이 걸리게 된다.

　세상에서 가장 무서운 것이 고독이라고 생각된다. 따라서 이때는 웬만한 남자는 다 좋아 보인다. 또한 이때는 처녀들의 젖가슴이 부풀게 된다. 바꿔 말하면 아이를 갖고 싶다는 하나의 표시이다.

　남자들의 경우에는 결혼하고 싶은 해가 되면 얼굴이 빡빡 얽어 있는 여자도 그렇게 예뻐 보인다.

　남녀간에 트집을 잡으면 결혼은 성사되지 않는다.

요즘에도 누구나 결혼을 앞두고는 궁합을 보러 온다.

궁합이란 것은 어떤 이상한 암호로 서로 맞추는 것이 아니고 가장 평범하고 훌륭한 가정을 이루기 위한 여러 가지 조건을 사주를 통해서 확인하는 절차이다.

사주가 안 좋은 사람은 사주가 좋은 사람을 택하려고 애를 쓰지만, 내가 보기에는 사주가 안 좋은 사람은 안 좋은 사람과 연결시켜 주는 것이 훌륭한 궁합이라고 생각한다.

그 이유는 좋은 사주와 나쁜 사주가 만나는 경우에는 좋은 사주만 희생당하고 말기 때문이다.

우리가 쌀과 보리를 50:50으로 섞으면 쌀은 보이지 않고 다 새까만 보리밥으로 보인다.

쌀과 보리를 80:20으로 섞으면 그때 가서야 쌀과 보리가 섞인 영양소 있는 쌀밥으로 인정하게 된다.

이와 같이 나쁜 것은 좋은 것을 강하게 흡수해서 좋은 것도 나쁜 것으로 만드는 못된 성격을 가지고 있다.

이상으로 여러 가지 결혼에 대한 기본적인 조건을 나열했지만 우선 중요한 것은 처음에 지적한 대로 계절의 감각을 맞추는 합성법이다. 일차적으로 합성법을 중요시한 연후에 나머지 조건에서 결정적으로 해로에 지장이 없는 한, 맞는 궁합으로 인정하고 있다.

궁합이라고 하는 것은 귀신 씻나락 까먹는 소리를 하는 것이 아니고 가정을 이루는 데 가장 필요한 요소를, 사주라고 하는 우주의 암호를 통해서 두 남녀에게 제시하고 있는 것이다.

따라서 궁합의 문제는 결혼하기 전에 꼭 확인해야 한다.

사랑의 열이 붙어 있을 때는 상대방의 진면목이 잘 보이지 않는다. 몇 년 동안 계약 결혼하려면 궁합 보지 않고도 얼마든지 가능하다. 싫증이 날 때 헤어지면 되니까.

그러나 일생 같이 산다는 문제, 또한 자기들을 닮은 2세가 태어난다는 문제는 그리 간단하지 않다.

한 번 더 심사숙고하기 바란다.

이런 제반 조건을 다 충족시키는 부부는 거의 없다. 어느 정도 맞으면 나머지는 살아가면서 부족된 부분을 채워 넣는 것이다.

이혼 관계로 상담하러 오는 사람들이 요즘은 부쩍 많아지고 있다. 그만치 사회가 안정이 안 되어 있다는 증거이다. 될 수 있으면 이혼은 하지 않는 것이 좋다.

결혼은 전생부터 깊은 인연이 있어야 이루어진다. 또 이혼하고 나서 더 잘된 부부를 별로 보지 못했다.

이것도 하늘의 뜻이라고 생각하고 참고 사는 것이 좋다고 생각된다.

더구나 당장 본인들의 입장만 생각하지 말기 바란다. 당신들의 자녀가 결혼하려고 할 때 사람들은 호적을 볼 것이다. 그때 호적이 지저분하면 굉장한 지장을 받는다.

그런데도 당신들의 성질대로 이혼만 고집하겠는가?

서양은 출발점이 음(陰)이고 동양은 출발점이 양(陽)이다. 서양 사회는 음을 중요시하기 때문에 성생활이 큰 비중을 차지하고 있다.

서양 사회에서는 아무리 다른 조건이 다 충족되더라도 성생활이 만족치 못하면 이혼을 하게 된다.

하지만 동양 사회는 성관계도 양(陽)에 기초를 두고 있기 때문에 맞추어 조절해 가면서 살고 있다.

동양과 서양은 근본적으로 출발점이 다르다.

더 이상 서양의 흉내를 내서는 안 된다. 우리 동양 사회는 부부 관계도 서로 조정해 가면서 사는 것이 서양과 다른 점이다.

강원용 목사님과의 만남

내가 강원용(姜元龍) 목사님을 처음 만났을 때가 1959년도였으니까 지금으로부터 약 50년 전의 일이다.

그때 나는 서울대학교 시험에 떨어지고 서울에서 학원에 다니면서 재수를 하고 있을 때였다.

당시 목사님은 참으로 젊고 미남이었다. 무엇보다 설득력 있고 이론적이며 논리정연하게 말을 잘했는데, 특히 정신적인 면에서 너무나 많은 것을 배웠기에 지금도 감사한 마음뿐이다.

과거 경동교회 자리는 지금의 장충동 자리였지만, 지금보다 규모 면에서는 훨씬 작았다.

당시 지성적이고 동시에 반항적인 우수한 대학생들은 다 경동교회에 모여 있었던 것 같았다.

누가 뭐라 해도 지금 나의 사고의 기초가 된 것은 그 무렵 경동교회를 다니던 대학생 시절이었다.

그때는 일요일이 그렇게 기다려졌다. 교회에 가서 목사님의 설교를 들으면 스트레스가 다 풀릴 만큼 가슴이 시원했다. 지금 생각해도 반 세기에 한 분 내지 두 분 정도 나올 수 있는 위대한 사상가요 훌륭한 목사님이라고 생각된다.

같이 경동교회에 다녔던 분들 중에는 수많은 장관, 국회의원, 대학교수, 외국의 대사 등 한국 정계·학계의 기라성 같은 분들이 배출되었으며 현재도 현직에 몇 분 계신 걸로 안다.

예배가 끝나고 점심시간이 시작되면 각자의 이론을 가지고 토론이 시작되는데 대한민국이 몇 번 쪼개졌다 다시 연결되기도 하고, 아무튼 지성의 대토론장이었다.

당시 나는 앞으로 대학을 졸업하면 한국 신학대학교에 진학하려고 했다. 그러나 막상 학교를 졸업하자 우선 식생활을 해결해야 했기 때문에 일본 종합상사에 입사함으로써 인생의 길을 정반대로 걷게 되었다. 이것도 운명이었으리라.

나의 대학 2학년 시절은 사상적으로나 사고 면에서 방황의 연속이었다.

지금 대학생들이 공부를 제쳐 두고 데모하는 입장을 충분히 이해는 하나, 정치는 기성세대에 맡기고 공부를 하라고 권하고 싶다.

나중에 여러분이 기성세대가 되었을 때 지식의 부족으로 다른 사람보다 뒤처지게 되기 때문이다.

공부할 기회가 왔을 때 열심히 공부해야 한다. 지금 공부하지 않으면 학생 여러분은 후회하게 된다.

그 당시 사상적으로 방황을 거듭했기 때문에 하루는 전화로 약속을 하고 강원용 목사님을 찾아뵈었다.

나의 방문 목적은 사상적으로 지도해 줄 수 있는 선생님을 추천해 달라는 용건이었다.

지금 생각해 보면 강원용 목사님만 한 사상적인 지도자가 없었는데, 항시 위대한 것은 멀리 있는 것이 아니고 가까운 곳에 있으며 가장 평범한 데에 위대한 진리가 숨어 있다는 것을 깨닫지 못하고 있었다. 그 사람이 내 곁을 떠났을 때 비로소 그의 진면목을 보고 그때야 후회하게 된다.

자존심 강하고 매사에 당당한 목사님이 그때 나의 말을 듣고 얼마나 당황했겠는가? 지금 생각해도 죄송한 마음뿐이다.

대학교 3학년 때, 나는 교회에 열심히 다니면서도 기독교인과 비기독교인에 무슨 차이가 있는가 하는 회의심이 생기기 시작했다.

십계명에는 여러 가지 좋은 이야기들이 쓰여져 있는데 과연 이것을 실천하면서 살아가는 사람이 몇이나 될까?

어떤 목사님은 기독교인은 비기독교인에 비해서 거짓말하지 않고 정직하다고 하셨지만, 이런 이야기들은 그때의 나한테는 전혀 설득력이 없었다.

나의 하숙집 옆방에서 기거했던 모 대학생은 식사할 때면 항시

기도한 뒤 식사했고 교회에도 빠지지 않고 착실하게 나갔다. 그의 아버지는 시골에서 목사로 계셨다. 하루는 내가 소중하게 여기는 물건이 없어져 전 하숙집을 뒤진 결과 그가 열쇠를 채워 놓은 책상에서 내 물건이 나왔다. 그 뒤로는 도무지 갈피를 잡을 수가 없었다.

그래서 그의 행적을 쭉 추적해 보니 전부 거짓말투성이였고 오히려 비기독교인보다 더 교묘하고 악랄한 면까지 보였다.

'도대체, 이런 상황에서 무엇 때문에 교회를 다녀야 하는가?' 하는 근본적인 회의심에 빠지게 됐다. 차라리 교회에 다니면서 나쁜 짓하고 거짓말하는 사람보다, 교회에 다니지 않으면서 거짓말하지 않으려 노력하는 사람이 더 정직하지 않느냐는 생각까지 들었다.

이 정도라도 회의를 하고 깊은 생각을 하는 기독교인의 숫자가 많지 않은 것 같다.

유명한 목사님이나 장로님도 이 문제를 질문하면 아무 대답을 하지 못한다. 도대체가 공부를 안 한다는 증거이다.

그렇게 공부를 하지 않고 어떻게 하느님의 말씀을 전달하는 중간 매개 역할을 할 수 있다는 이야기인지 한심한 생각이 들 때가 많다.

이렇게 생각의 혼란이 왔을 때 강원용 목사님을 찾아뵙기로 작정하고 3일 후에 교회의 사택으로 찾아갔다.

목사님에게 구체적으로 질문했다.

"기독교인과 비기독교인의 다른 점이 무엇입니까?"

목사님께서는 지그시 눈을 감으시더니 기독교인과 비기독교인은 생활면에서는 똑같다고 말씀하셨다.

자기가 살아남기 위해서 거짓말한다든지, 식구들을 먹여 살려야 하기에 때로는 위선적인 행동을 하여야 하는 등 생활면에서는 별 차이가 없다는 것이었다.

"그렇다면 무엇 때문에 교회에 다녀야 하고 하느님을 믿어야 됩니까?"

나는 재차 질문했다. 내 물음에 목사님은 분명히 기독교인과 비기독교인은 다른 면이 하나 있다고 말씀하셨다.

나는 급하게 "도대체 그것이 무엇입니까?" 하고 물었다.

목사님은 기독교인은 비기독교인이 갖지 못한 결정적인 백(Back)을 가지고 있는데, 그 백이 바로 하느님이요 예수님이라고 했다.

기독교인은 바로 지금(Now) 이 장소(Here)에서 하느님이 곁에 와 있기 때문에, 어떤 경우에나 어떤 악조건에서나 실망하지 않아야 기독교인으로서 자기의 도리를 다한다고 말씀하셨다. 따라서 기독교에서 절망은 가장 큰 죄악이 된다고 하셨다.

40대 중반부터 서로 다른 길을 걷고 있지만 지금도 목사님을 존경하는 데는 변함이 없다.

지금 나의 역학 공부가 단기간 내에 어느 경지에 들어선 것도 다 그때 목사님한테 받았던 정신적인 유산이 큰 도움이 되었다고 생각된다.

나의 인생에 가장 큰 영향력을 끼친 분을 들라면 주저없이 강원용 목사님이라고 이야기하고 싶다.

요즘도 가끔 목사님 꿈을 꾼다. 저 세상에서도 제자들과 후배들을 위해서 기도하리라고 믿는다.

한의사이든 양의사이든 무조건 역학 공부를 해야 한다

한의사이든 양의사이든 어느 부분이 나쁘면 그 부분만 집중 치료를 하려고 한다. 그렇게 하면 고장 난 그 부분은 치료가 되나, 약의 과다 투여라든지 하는 부작용으로 다른 기관이 고장 나게 된다.

우리 몸은 어느 한 기관이 그 기관 자체로써 끝나는 것이 아니라 다른 기관과 연결되어 있다.

우리의 육체를 각각의 기관으로 따로 떼어 내서 해결하려고 하면 해결이 되지 않는다.

인간은 대부분이 태어나면서 어느 기관은 너무 튼튼하고, 어느 기관은 부실하게 형성되어진다.

따라서 어떤 병이 발생됐다고 했을 때 어느 기관의 잘못으로 그 병이 생겼는가를 확인하는 데 있어서, 역학 의학으로 규명할 수 있다면 인류 의학사상 획기적인 공헌이 될 것이다.

기본적으로 타고날 때 부실한 기관을 치료하면서 현재 나쁜 기관을 동시에 치료한다면 치료 효과도 빠를 뿐 아니라 완벽한 치료를 할 수 있기에 역학을 공부하기를 권하고 싶다.

그리고 인간은 태어나면서 약의 섭취량이 각각 다르다.

예를 들면 A라는 사람은 위장약을 5그램 먹고 배 아픈 것이 해결됐다면 B라는 사람은 10그램을 먹어야 해결될 수 있다.

사람은 각각 각자의 몸의 수분 함유량에 따라 약의 투여량이 다른 것이다.

어떤 문제를 해결하고자 할 때, 가장 중요한 것은 원인의 정확한 판단이다. 원인이 정확하게 지적되고, 그것만 고치면 쉽게 치료가 된다. 그러므로 우리 몸을 개별로 파악해서는 안되고 전체적으로 파악해야 한다.

양의사는 양의사이니까 그렇다고 이해가 가지만, 한의사도 명리학을 교과과정에 완전히 삽입해서 어느 경지에 이르게끔 훈련이 된다면, 내가 보기에는 약사와의 분쟁도 발생하지 않을 것으로 생각된다.

나의 밥그릇을 뺏어간다고 항의만 하지 말고, 양의사들이 따라올 수 없게끔 음양오행(陰陽五行)의 공부를 철저히 한다면 국민들이 누구를 더 신뢰하겠는가?

양의사한테 약을 지으나 한의사한테 약을 조제하나 다 비슷비슷하다는 일반적인 인식을 빨리 바꾸려면, 한의사 스스로 공부를 열심히 해서 양의사와의 차별을 국민이 느끼도록 하는 수밖에 없다. 한의사 상당수는 명리학과 음양오행에 대해서 너무 무식하다.

지금의 이 상태로는 안 된다.

앞으로 한의사한테 갔을 때 사주팔자를 다 적고 운의 나쁜 것 좋은 것을 가려내고 어디에서 이 병이 발병됐는가를 정확히 잡아낸다면, 설사 양의사한테 가면 가격이 좀 싸더라도 한약을 지으려고 하는 사람이 더 많아질 것이다.

만약에 약학 대학에서도 명리학 과정을 강의함으로써 사주의 용신을 정확히 구별하고, 병의 원인 발생을 확인할 수 있는 정도의 실력이 갖추어지면 약사라 하더라도 조제 못할 이유가 없다고 본다.

사회 시스템에서 어떤 문제든지 독점 세력이 오래갈수록 그 분야는 발전이 안 되고 썩는 순서를 밟게 된다.

서울대학교 공과대학을 졸업하고도 실업자가 수두룩한 반면에 지방에서 의과대학을 졸업하고 병원을 차려서 수십 억씩 축적한 의사들도 참으로 많다.

앞으로는 의과대학도 3년제 같은 단기 코스를 만들어서 대수술을 요하는 어려운 환자는 6년제를 나온 전문의에게 맡기고 가벼운 증상이 있는 사람들은 단기 코스의 의사에게 맡겨야 한다. 병원 진찰 받기가 그렇게 어렵고 기다려지는 나라가 세계에 우리나라 말고 어디에 있는가?

또 몸이 약한 사람은 보약으로 한약을 복용하는데 이 한약값이 너무 비싸다. 빨리 한약에도 의료보험을 실시해야지 지금의 상태로는 돈이 있는 귀족이나 한약을 복용할 수 있지 돈 없는 서민에게는 그림의 떡일 뿐이다.

한 제에 열흘 정도 먹는데 녹용을 넣으면 38만 원 정도 되고 녹용을 빼면 15만 원~18만 원 정도이다. 한약은 적어도 6개월은 복용해야지 한두 제 먹고 다 나을 수는 없으니 서민들에게 이만저만 부담이 아니다.

하루빨리 의료보험을 한약에도 실시해서 국민 건강에 이바지하기 바란다.

또한 음양오행에 기초한 명리학 공부를 열심히 한다면 앞으로 몇 살에 무슨 병이 어떠한 일로 발병하며 기간은 어느 정도까지 지속되며, 거기에 대한 치료는 어떻게 해야 좋을 것인가 하는 구체적인 결과가 나온다.

그러므로 이것을 현대 의학과 접목함으로써 보다 완벽한 예방의학으로 갈 수 있을 것으로 본다.

그리고 이 명리학 공부를 하면 예지력, 직감력이 아주 강해진다.

의사가 환자를 수술할 것이냐, 아니면 약을 복용하면서 시간을 더 지연하면 좋을 것이냐 등을 판단하는 데는 정확한 예지력과 하늘의 도움을 받는 직감력이 필요하다.

의사가 오진을 하면 환자의 치료 기간이 길어지고 심하면 죽게 된다. 이런 면에서 양의사이든 한의사이든 책임이 막중하다고 본다.

이 명리학 공부를 해야 환자의 습관이 잘못돼서 병이 발생됐는지, 아니면 운에서 들어오는 기의 영향으로 몸이 나빠졌는지를 정확히 구별할 수 있다.

운이 좋을 때는 치료가 아주 잘되고 운이 나쁠 때는 요즘 말로 치료발이 잘 받지를 않는다.

이러한 것도 구별할 수 있어야 치료 기간이 어느 정도 걸리겠다는 판단을 정확히 할 수 있고, 지금 치료가 되더라도 나중에 재발할 것인가 여부의 판단도 정확하게 알 수 있다. 이 모두 역학 공부를 해야 알게 되는 일이다.

시간이 흐르면 양의학, 한의학 구별 없이 합병 쪽으로 가리라고 본다. 왜냐하면 서로의 장점을 보충해서 하나의 체계로 갈 수밖에 없기 때문이다.

일반적으로 의사들의 건강이 좋지 않은 편인데, 의사들도 아침에 일어나면 운동을 해서 혈액순환이 잘 되도록 해야 과로에서 오는 스트레스와 여러 가지 부작용을 방지할 수 있다.

일반적으로 악성 환자일수록 몸에서 나쁜 기가 나오는데 의사가 이 나쁜 기를 제일 먼저 흡수하게 된다.

의사는 집중력과 정확한 판단력이 요구되는 직업이다. 건강해야 정확한 판단을 할 수 있다.

건강하여야 악성 환자에게서 나오는 나쁜 기로부터 자기 몸을 보호할 수 있다.

의사는 어떤 직업보다 사회에 막중한 책임을 지고 있다.

의사가 건강하면 환자한테 친절하고 명랑한 서비스를 할 수 있으므로 사회가 한층 더 밝아지리라고 본다.

이름과 아호^{雅號}는 건강 및 운명과 직접 관계가 있다

10월 중순경에 45세 되는 어느 아주머니가 찾아온 일이 있다.

딸의 이름을 적는데 이름이 강경화(姜庚和)였다. 그 사주를 보니, 간에 해당되는 갑목(甲木)이 양쪽에서 협공당한 데다가 지지(地支)의 신금(申金) 때문에 금극목(金剋木)을 당하여 피상되어 있었다. 또한 대운에서도 목(木)이 뿌리내리지 못하고 죽어 들어와 있었다.

나는 이런 상황으로 미루어 그 딸의 간이 안좋은 것을 첫눈에 알 수 있었다.

"따님의 간이 굳어 있어서 간경화에 해당됩니다" 하니 그 아주머니가 눈물을 흘리면서 "우리 딸의 간 때문에 집안 식구들한테 근심걱정이 떠날 날이 없습니다"라고 말씀하시는 것이었다.

나는 말하기를 "따님 이름이 강경화이지요? 여러 사람들이 따님

이름을 한 번씩 부를 때마다 따님의 간은 계속 굳어집니다. 강경화, 강경화, 이것은 바로 간이 굳어지라고 이 사람 저 사람이 재촉하는 형태입니다"라고 하였다.

이 딸의 경우에는 사주 자체에서 간이 나쁘게 진행되는데, 이러한 경우에는 화(火) 운이 들어와서 화극금(火剋金)함으로써 금(金)이 금극목을 못하여야 간이 좋아지게 된다. 그런데 이름마저 강경화라 함은 화나 목을 죽이는 금수(金水)가 당권하기 때문에 결국은 이름에서도 간을 나쁘게 하는 역할을 부채질하는 꼴이 된다.

이러할 때는 사주 자체가 냉한에서 오는 경우가 대부분이므로, 따뜻한 기운이 도는 목화(木火)를 듬뿍 넣어서 이름이나 아호(雅號)를 지어 줘야 사주의 균형을 맞출 수 있게 된다.

이와 같은 이름이나 아호는 건강과 직접 관계가 있는데 이름이나 아호를 좋은 글자를 써서 아름답게 짓는 것은 옥편만 들추면 되기 때문에 별로 어려운 일이 아니다.

그러나 그렇게 지은 이름이나 아호가 본 당사자의 건강을 나쁜 쪽으로 만든다면 결과적으로 작명한 사람은 큰 죄를 짓게 된다.

아호인 경우를 예로 들어 보겠다. 운호(雲昊)라는 아호를 쓴다고 가정하면 운(雲)은 수(水)를 가리키고 호(昊)는 화(火)에 해당되므로 운호라는 아호를 쓰는 사람의 사주에 금수(金水)가 많으면 결과적으로 수극화(水剋火)가 되므로 화(火)에 해당되는 심장, 눈, 소장 등이 치명상을 입게 된다.

거꾸로 목화(木火)가 많은 사람인 경우에는 화극금(火剋金)의 작용이 발생되므로 금(金)에 해당되는 기관지, 폐, 대장, 피부 등이 이 아호를 씀으로써 계속 나빠지게 된다. 따라서 이런 아호는 어떤 사람에게도 맞지 않는다.

또한 수(水)와 화(火)가 서로 싸우고 있는 형상이 되므로 수화상쟁(水火相爭)에 해당되는데, 수화상쟁이 발생되면 대체적으로 남자들에게는 골육상쟁이 발생하며 부자간에 또는 형제간에 재산 관계 등으로 추접한 싸움을 하게 된다. 여자들은 남편한테 매 맞고 사는 팔자에 해당된다.

이처럼 이름이나 아호를 잘못 지으면 건강에 나쁜 영향을 끼칠 뿐 아니라 가족 관계에도 이상한 기류가 흐르게 된다. 그러므로 친구끼리 서로 아호를 지어 주는 것은 아름다운 우정으로 볼 수 있으나, 잘못 지으면 엄청난 부작용이 발생되니 제발 쓸데없는 우정은 발휘하지 않기를 바란다.

그렇다면 어떻게 해야 이름이나 아호를 잘 지을 수 있는가? 바로 본인 사주의 용신(用神)을 도와주도록 이름이나 아호를 지어야 한다.

그 이유를 이제부터 설명하겠다.

어떤 사주든지 그 사주의 핵심이요, 그 사주를 수호하는 수호신이라 할 수 있는 용신이 있는데, 바로 이 용신이 살아나면 건강이 좋아지면서 하는 일이 잘 풀리게 된다.

간단한 말로 풀이하면 사주의 균형을 맞추어 주는 역할을 하는 것을 용신이라 한다. 단순히 예를 들어 설명하자면 겨울에 태어난 사람은 오장육부가 차고 심장이나 눈이 좋지 않으므로 따뜻한 화(火)나 냉습을 제거하는 조토(燥土)가 사주에 살아 있거나, 운에서 화나 조토가 들어오면 몸의 균형이 잡혀지고 소위 말하는 재수도 좋아지게 된다. 우리는 이런 화나 조토가 이 사주의 핵심이요, 용신이라고 부른다.

그런데 이 용신을 알아내는 공부가 쉽지 않다. 이 용신만 제대로 구별하면 사주 공부의 90%가 완료됐다고 해도 과언이 아니다.

이 용신을 정확히 구별할 줄 모르면 아무리 역학 공부를 30년 했다 하더라도 사주의 윤곽을 파악하는 데 10% 정도밖에 능력 발휘를 하지 못한다. 이 용신을 알아야 당신은 북으로 가시오, 당신은 남으로 가시오 하는 방향 설정이 되는데 그것을 하지 못하기 때문이다.

가령 예를 들면 재운이 들어온다고 다 재수가 있는 것이 아니라 이 재운이 용신을 도와주는 작용을 하여야 재수가 있다 할 수 있다. 이럴 때는 돈이 생기고 갈고리로 돈을 긁으며, 승진하고 회춘이 되기 때문에 매사에 자신이 생긴다. 따라서 상대방을 내가 관리 통제할 수가 있고, 투자를 하면 즉시 이익금으로 돌아서 환수되며, 무엇이든지 계산대로 적중된다.

하지만 만약 이 재운이 용신을 도와주지 못하고 깨는 역할을 한다면 재수가 있기는커녕 사업을 하면 부도가 나고, 집 팔아서 사업 하면 집만 날아가고, 계산이 앞서기 때문에 앞으로는 남는 듯해도 뒤로는 밑지게 된다. 더 나아가 자기는 자신하나 결과는 패장(敗將)이 되며, 돈 욕심 때문에 무리를 하다 손해를 보게 되며, 여자에게 뒷목을 잡혀서 재산이 날아가며, 가정적으로는 어머니와 아버지가 싸우니 마음 편할 날이 없다. 또한 먹는 음식마다 체하기 때문에 특히 식중독에 걸리기가 쉽다.

이렇듯 재운(財運)이 좋고 나쁨의 차이가 하늘과 땅 차이이다. 그러니 이 용신을 알아야 "당신은 재수가 있습니다" "재수가 없기 때문에 돈이 나가면 되돌아 들어오지 않으니 돈 관리를 잘 하시오" 하는 충고를 할 수 있는 것이다.

내가 이 공부를 하고 어느 정도 사주의 맥을 짚게 되었을 때 수많은 역학인을 만나 보았다. 그런데 어떤 사람은 사주 공부를 30년 이상 했다는데도, 이 용신에 대해서는 전혀 감을 못 잡는 경우도 있었다. 이를 보았을 때 역학인 중에서 용신을 어느 정도 제대로 잡을 수 있는 사람은 5% 미만이라고 본다.

일반 사람들이 볼 때 여기 가면 이 소리 하고, 저기 가면 저 소리 하고 하는 것은 곧 이 용신을 잘못 잡는 데서 오는 결과인 것이다.

다시 한 번 말하지만 이 용신을 제대로 잡을 수 있어야 "앞으로 몇 년 안에 승진합니다" 아니면 "몇 년 내에 퇴직합니다" 하는 방향 설정을 해 줄 수가 있다.

그러면 도대체 어떻게 해야 용신을 제대로 잡을 수 있는가?

이 문제는 너무나 중요하기 때문에 1권에서도 언급했지만, 한 번 더 거론코저 한다.

첫째, 간지체성론(干地體性論)을 제대로 알아야 한다.

영어로 말하면 B가 O와 Y를 만나면 '소년'이라는 우리말로 형성이 되나 B가 A, B, Y를 만나면 '소년'이 아니라 '어린아이'라는 뜻으로 해석이 된다.

처음 글자가 다음 글자로 무엇을 만나느냐에 따라 각각 뜻이 달라지듯이, 역학에서도 마찬가지이다. 인(寅)이라는 지지(地支)는 어떤 뜻을 가지고 있으며, 인이 묘(卯)를 만나면 어떤 작용이 일어나고, 자(子)를 만나면 어떤 작용을 한다든지 하는 각각 천간(天干)이나 지지를 만났을 때 독특한 성격을 나타낸다.

이러한 공부는 사주의 기초가 될 뿐 아니라, 이 공부를 하지 않으면 사주의 핵심에 전혀 접근을 할 수가 없다.

내가 처음 배운 선생한테서는 간지체성론을 전혀 배우지 못했다. 따라서 그만치 이 공부를 하는데 시간이 오래 걸렸던 것이다.

그때 내가 왜 간지체성론을 가르쳐 주지 않냐고 질문을 하니 그러한 것은 필요없다고 하길래 그런 줄만 알았으나 나중에 이 공부에 어느 정도 눈을 뜨고 보니, 그때 그 선생은 간지체성론을 전혀 모르고 있었음을 확인할 수가 있었다.

이 간지체성론을 모르면 사주 공부의 맥을 전혀 잡을 수가 없다.

두 번째는 간지체성론의 기초 위에 생극제화론(生剋制化論)을 공부해야 한다.

생극제화론이란 바로 상생(相生)과 상극(相剋)을 말하는데, 상생이란 서로가 생(生)한다, 돕는다 하는 뜻도 되지만 낳다, 주다, 나간다, 희생한다, 발생하다, 도와주다 등 여러 가지 작용이 그때그때의 상황에 따라 달라진다. 또 생을 하면 다른 작용으로 변화도 되며, 어떤 때는 변화가 되는데 다른 경우에는 변화되지 않는 등 무수한 경우가 많다.

상극이란 서로가 극(剋)한다는 뜻도 되지만 이기다, 치다, 다스리다, 관리하다, 소유하다, 타개하다, 정복하다, 개척하다 등으로 응용되고 있다.

또 상극한다고 해서 다 내가 이기고 나의 통제 속으로 들어오는 것이 아니라 상대방이 나보다 강하면 내가 그의 통제 속으로 들어가야 할 때도 있다. 그러니 앞에서 이야기한 간지체성론을 정확하게 공부했다면 이 생극제화론을 소화하는 데 무리가 없을 걸로 본다.

세 번째는 계절의 감각에 대한 완벽한 지식을 갖추어야 한다.

가령 인월(寅月, 1월)은 글자로는 따뜻한 목화(木火)에 해당되지만 월지(月支)에 있을 때는 추운 겨울로 봐야 한다.

학문적으로는 따뜻한 기운이 비치고 있지만, 현실적으로는 입춘이 들어왔다고 해도 영하 10도 이하로 내려가는 날씨가 많다.

따라서 인(寅)이라는 글자가 지지(地支)의 어디에 위치하고 있는가에 따라서 그 작용이 각각 다르다.

　또한 진월(辰月, 3월)은 습토(濕土)로서 토(土)월절이긴 하나 상반기에는 목(木)의 여기(餘氣)로서 목의 기운이 강하게 나타나고 하반기인 15일 이후에는 화(火)의 진기권(進氣卷)으로서 화의 기운이 나타난다. 따라서 보이지 않는 화의 기운이 있다고 봐야 한다.

　신월(申月, 음력 7월)의 경우에는 학문상이나 또는 신(申)이라는 글자만 보면 가을의 계절로 보아야 하나, 하루 이틀 뒤가 백로(白露)의 절기라면 몰라도 그전에는 말만 신월이지 실제로는 따뜻한 날씨가 계속된다.

　신월이라도 1994년 같은 해에는 영상 30도 가까이 가는 아주 더운 날도 있었다.

　이런 걸로 미루어 보아 신월은 보이지 않는 화(火)가 존재하는 것으로 보아야 현실적이지, 무조건 가을이니까 서늘한 것으로 보아서는 학문상으로는 맞을는지 몰라도 현실적으로는 잘 맞지 않는다.

　또 다른 예를 든다면 술월(戌月, 9월)은 조토(燥土)로서 토극수(土剋水)를 잘한다고 하나, 월령(月令)에 있을 경우 상반기에는 금(金)의 여기(餘氣)로서 가을로 보아야 하나 하반기에는 수(水)의 진기권으로 보아 겨울로 해석하는 것이 현실감각에 맞다. 만약 하루이틀 뒤가 입동이라면 아주 추운 것으로 해석하여야 한다.

　따라서 술(戌)이라는 글자가 지지(地支)의 어디에 위치하느냐에 따라서 그 성격은 아주 달라질 수밖에 없다.

학문적으로 그 글자의 성격만 고집한다면 이 학문은 전혀 발전이 없는 것이다. 이 학문은 학문으로서 존재할 뿐 아니라, 현실적인 감각에 입각해서 해석하여야 한다.

그러므로 간지체성론을 어느 정도 터득하면 생극제화를 이해하는 데 도움이 되고, 이러한 기초 위에서 현실적인 계절 감각을 익힌다면 과연 이 사주에 무엇이 있어야 균형을 잡을 수가 있는가를 분명히 알게 된다. 바로 그 무엇이라는 것이 용신(用神)을 이야기한다.

대운에서도 용신을 생부(生扶)하는 쪽으로 운이 들어오면 건강이 좋아지고 하는 일이 쉽게 달성된다.

이 용신을 알아야 이름이나 아호를 지을 때 목(木)이 들어가야 하는지 또는 금(金)이 들어가야 하는지를 결정할 수가 있다. 목(木)이 필요할 때 금(金)을 넣어서 이름이나 아호를 지으면 그것은 아호가 아니라 나를 망치는 괴물이라고 할 수 있다.

따라서 이름이나 아호가 사주를 도와주는 쪽으로, 다시 말하면 용신이 그 사주 속에서 사는 데 있어 이름이나 아호가 편안한 안식처가 된다면 훌륭한 하나의 기둥 역할을 할 수 있다. 나는 이름이나 아호를 오주(五柱), 즉 사주(四柱) 다음에 오는 다섯 번째 기둥이라고 부르고 싶다.

몸의 병은 자기 자신이 고치는 것이다

'병의 원인은 모두 생활의 잘못에 있다.'

이렇게 단언하면 억지라고 생각할는지 모르겠다.

그러나 이것은 나 혼자만의 생각이 아니라 동양의학에서는 보편적으로 주장해 왔던 이론이다.

물론 운명학적으로는 사주상에 해당되는 기관이 약하거나 대운(大運)이나 연운(年運)의 작용으로 해당되는 기관이 나빠지는 경우에는 누구나 해당되는 기관에 병이 발생하게 된다. 하지만 그것을 치료하고 또 병의 정도가 더 깊어지는지 아니면 덜 깊어지게 하는지는 인간의 의지력과 노력에 따라서 많은 차이가 난다고 볼 수 있겠다.

대운이나 연운에서 나쁘게 들어와서 우리 몸의 어느 부분을 강타하는 것은 막을 길이 없지만 그렇다고 노력하지 않고 그대로 방치하는 경우와 방치하지 않고 수많은 노력을 한 사람과는 차이가 있다. 인간이 할 수 있는 일을 하고, 그 다음 하늘의 도움을 받는 것이 순서라 하겠다.

그렇다면 우리 자신이 할 수 있는 일은 무엇이 있겠는가?

오사카 대학의 고(故) 가타세아 와시 교수는 다음과 같이 말하고 있다.

"병을 낫게 하는 것은 의사나 약이 아니라 우리 신체 속에서 배양되는 선천적인 힘, 즉 자연 치유력에 의한 것이다. 모든 병은 자신의 잘못된 생활이 축적되어 그 결과로 나타난 것이고 따라서 스스로 만든 것이나 다름없다. 말하자면 병은 잘못된 생활에 대한 하늘의 경고이며, 또 바른 생활로 돌아가라는 신호이기도 하다."

그렇다. 모든 병을 고치는 근원은 인간이 하늘로부터 받은 자연 치유력에 의한 것이지 약에 의한 것이 아니다.

다만 약은 그 보조 기능을 할 뿐이다.

똑같은 약을 써도 어떤 사람은 치료가 잘되는데, 어떤 사람은 치료가 잘되지 않는다. 그것은 자연 치유력의 속도가 각각 다르기 때문이다.

일반적으로는 잘못된 습관이 대부분의 병을 만들어 내고 있다.

내가 초등학교에 다닐 때만 해도 6.25 동란 직후라 배고프던 사람들이 많았다. 많이 먹고 싶어도 먹을 것이 없었다.

요즘 신세대들에게 이런 이야기를 하면 그것이 무슨 이야기인

줄 잘 이해를 하지 못한다. 또 이해하려고 하지도 않는다.

그때는 하루에 세 끼 먹는 집은 드물었고 두 끼 먹는 집이 많았다. 그것도 쌀이나 보리로 된 밥이 아니고 감자가 섞여 있거나 물을 많이 섞어서 만들었기 때문에, 먹을 때만 포만감을 느끼지 먹고 나면 금방 배가 고팠다.

반면 요즘은 영양 과잉이 문제가 되는 시기이다. 많은 양에 익숙해진 현대인들은 아무리 많이 먹어도 조건반사적으로 공복감을 느낀다. 많이 먹고 많이 방출한다.

말하자면 분뇨 제조기 역할을 하고 있다.

사람에 따라서는 이러한 식생활을 계속할 때 필요 이상의 영양을 흡수하게 되어 결국 비만이나 당뇨증에 걸리게 된다.

하여튼 많이 먹으면 아무리 운동을 열심히 해도 당해 낼 재주가 없다. 일차적으로 식생활 습관이 우리의 건강을 망치고 있는 것이다.

음식은 조금 부족하다고 생각될 때 손을 떼야 한다. 거기서 조금도를 넘어서면 식곤증으로 씩씩거리게 된다.

필자의 경우는 서양식으로 아침을 간단하게 먹는 습관으로 20년 이상을 지내왔는데, 요즘은 식생활을 완전히 바꾸어서 내 자신이 몸에 느끼도록 건강 체질이 됐다. 거기에 대한 것을 이번 기회에 밝히고자 한다.

어느 중국 의사의 충고에 따라 아침은 풍만하게 먹기 시작했다.

처음에는 식곤증을 걱정했으나, 식곤증이 생긴다면 그 자체가 몸에 병이 있다는 증거라는 것이다.

다행히도 식곤증은 발생되지 않았다. 아침에는 아주 풍만하게 잘 먹고, 점심에는 중간 정도의 식사를 하고, 저녁에는 아주 적게 식사하라고 의사로부터 충고를 받았기에 그대로 시행했더니 몸이 날로 건강해지는 것을 느낄 수 있었다.

내가 느끼기로는 저녁 6시 이후에 술과 기름진 안주를 잔뜩 먹는 생활을 습관화하면 곧 비만증으로 연결되면서 간이 나빠져 만성 피곤증으로 연결되고 만다.

이것도 부족해서 늦은 시간에 집에 가서 식사를 한 그릇씩이나 비우니, 미친 놈이 아니라면 누가 그 짓을 하겠는가?

반복해 말하지만 식생활 습관이 잘못되면 아무리 운동을 많이 해도 당해낼 수가 없다. 또 운동을 하면 혈액순환이 좋아지기 때문에 많이 먹으면 그대로 비만으로 이어진다.

등산을 할 때에는 소량의 음식만을 먹어야지, 음료수와 대량의 음식물을 섭취하면 살이 빠지기는커녕 살이 더 찌는 이치가 이러한 이유로써 설명됐으리라고 본다.

나의 고등학교 동기 중에 몸무게가 100킬로그램을 넘는 친구가 있었는데 의사로부터 체중을 줄이지 않으면 오래 살지 못한다는 경고를 받았다. 특히 저녁 6시 이후에는 한 모금의 물도 입에 대서는 안된다는 것이었다.

나는 이 친구가 과연 그 지시를 실천에 옮길 수 있겠는가 의심을 했다. 하지만 그 친구는 의사의 말을 그대로 시행하고 또한 엄청난 자기와의 싸움에서 이겨서 결국은 80킬로그램 이하로 몸무게를 줄이게 됐다. 나는 그의 엄청난 인내력과 결단력을 보고 누구든지 결심만 하면 뜻을 이룰 수 있다고 믿고 있다.

이와 같이 식생활의 습관은 본인의 건강을 좌지우지한다. 대부분의 만성병도 잘못된 습관에서 만들어지고 있다.

신체의 어떤 부위에 염증이 생겼다고 하자. 이를 계속 방치해 두면 그 부위의 조직이 오랫동안 변화하여 기능이 정상적으로 되돌아오지 못하게 된다. 이상이 있는 상태에서 균형을 잡아 그 나름대로 몸에 적응해 버렸기 때문이다. 이것이 바로 만성병이라 불리는 상태이다.

우리 몸은 대뇌에서 명령하지 않아도 자율신경이라는 특수 조직에서 모든 것을 알아서 척척 처리하고 있다.

자율신경이 마비되면 똥을 눈지 모르고 똥을 누게 되고, 오줌이 나오는지 안 나오는지를 자각하지 못하게 된다. 소위 나이 많은 노인들에게 이러한 증세가 나타나는데 우리는 그것을 노망증이라고 부른다.

예를 들어 썩은 생선이나 식품첨가물이 많이 든 음식물을 먹을 때 복통이나 설사를 하는 사람, 또는 맛이 없어 먹지 못하겠다는 사람은 자율신경의 반응이 아주 정상인 사람이다.

신체가 잘 정비되어 있다면 일일이 음식물을 화학분석할 필요가 없다.

사실 우리의 인체는 너무도 정교하게 되어 있다.

어떠한 기계도 우리 인체의 고도의 정밀성과 적응성에는 따라오지 못한다.

우리의 신체는 이 적응성에 의해 외부나 내부의 변화에 대처하고 있다. 비록 균형을 잃고 병에 걸려도 신체의 자연 치유력은 활동을 계속하여 정상으로 회복시키려고 시도한다.

서양의 속담 가운데 〈신(神)이 병을 낫게 하고 의사가 치료비를 받는다〉는 말이 있는데 이는 매우 의미심장한 말이다.

의사와 환자를 포함한 국민 전체가 자연 치유력이란 것을 무시하고 있는 것이 현대 생활의 커다란 특징이다.

현대 의학의 이렇듯 불손하고 기계적인 자세가 한편에서는 의학 교육을 망치고 또 다른 한편에서는 국민에 대해 오류 가득한 건강 교육을 통해 국민 각자의 건강을 망치고 있는 것이다.

화학 약물은 점점 진보하고 있다. 많은 연구비를 들여 새로운 신약을 개발 제조하고 있으나 재미있게도 새로운 내성균이 계속 나타나서 완전히 박멸하지 못하고 있는 것이 오늘의 현실이다.

우리가 농사를 지을 때 농약을 살포하는데, 그 효과는 그때뿐이며 이듬해엔 농약의 양을 더 늘이든가 아니면 농약의 종류를 바꾸지 않으면 잘 듣지 않는다.

자연의 힘은 대단한 것이다.

식물은 잘라 내도 싹이 나오고 야생동물은 병에 걸리면 약을 먹는 대신 굶음으로써 자연스럽게 병이 나아 버린다.

요즘 우리나라의 농촌에서도 무공해 쌀을 생산하기 위해서 논에다 오리 새끼들을 풀어 놓고 있다. 오리들은 요리조리 헤엄쳐 다니면서 여러 해로운 곤충들을 잡아먹음으로써 인간들에게 결정적으로 해로운 농약을 살포하지 않아도 되게끔 자연스러운 길을 열어 놓고 있다.

우리가 농약이 없는 쌀로 지어진 밥을 먹는다고 상상해 보시라. 얼마나 기분이 좋고 소화가 잘되겠는가?

인간의 피부에 상처가 나거나 몸이 다쳐도 약 없이 회복될 수 있는데, 그 대표적인 예가 골절이다. 누구든지 버팀목 하나로 자연스럽게 뼈가 붙을 수 있다. 아무리 명의(名醫)라도 이 방법 외에 다른 방법을 써서 치료하지는 않는다.

이 모든 것이 자연 치유력인 것이다.

우리 몸에서 열이 발생하는 것도 다 필요가 있어서 발생되는데 발열은 병원균을 죽인다든지 과잉 에너지를 소비하기 위한 것이다. 혈압이 오르는 것도 온몸의 균형을 유지하기 위한 하나의 방책으로 본다.

등산을 할 때도 계속 정상에 머무를 수는 없다. 이와 같이 우리 몸의 열도 필요에 의해서 계속 올라가지만 때가 되면 열은 자연히 다시 내려오게 되어 있다. 그런데 그러한 적응 작용을 무시하고 강제로 체온이나 혈압을 내린다든지 하여 일시적으로 현재 나타난 증상만을 없애려고 하는 것은 얼마나 어리석은가를 알 수 있을 것이다.

우리 가정에서 전기를 과잉 소비할 때는 자기의 용량을 견디지 못하고 퓨즈가 끊어지는 현상이 발생한다. 영원하고 완전한 퓨즈, 다시 말해 정도를 넘어선 전기가 흘러도 끊어지지 않는 퓨즈를 사용한다면 누전 현상 때문에 그 집은 불이 나고 만다.

우리의 신체도 마찬가지이다.

자연스러운 것이 가장 좋은 것이다.

어떤 병이 치료됐을 때 약이나 메스, 전기, 침구 등의 치료법 가운데 하나의 방법으로 병이 나으면 그 방법이 직접적인 효과가 있는 것으로 생각하기 쉽다.

이것은 단순하며 분별력이 없는 생각이다.

자연 치유력은 눈에 보이지 않는다. 정말 겸허한 존재다.

요즘 이런 말이 유행하고 있다. 암 같은 결정적인 병에 걸리면 돈 있는 사람은 죽고 돈 없는 사람은 살아 남는다는 믿기지 않는 이야기가 유행하고 있다.

그 내용을 조사해 보니 두 사람이 간암에 걸렸는데 돈이 많은 사람은 계속 좋다는 약을 복용했으나 좋아지기는커녕 간에 부담만 주어서 결국은 죽게 되었다. 하지만 돈이 없는 사람은 우선 약 살 돈이 없어서 약을 쓰지 못하고, 죽는 것은 기정사실인즉 산에 돌아

다니면서 도라지 같은 야생초를 캐 먹으면서 욕심 없이 완전히 마음을 비웠더니 자기도 모르는 사이에 건강이 좋아졌다는 것이다.

우리가 보통 병이라고 부르는 몸과 마음의 이상은 자율신경계통을 통해 움직이는 자연 치유력에 제동이 걸린 상태이며, 대개는 잘못된 생활 때문에 발생된다.

생활을 엉망진창으로 하면서 건강하기를 바라는 것은 흙탕물로 빨래를 하면서 빨래가 깨끗해지기를 바라는 것과 같다.

또 인간은 저마다 체질과 기질이 다르다. 따라서 건강법도 사람에 따라 각각 달라질 수밖에 없다.

무조건 생야채가 좋다느니 익힌 야채가 좋다느니 또는 물을 많이 마시는 것이 좋다느니 물을 적게 마시는 것이 좋다느니 하는 말들은 아무 의미가 없다.

오히려 체질에 따라서는 더 나쁜 결과를 가져올 수 있다. 결론적으로 다음의 세 가지를 따르면 건강한 신체를 유지할 수 있다.

첫째, 과식하지 않도록 습관화하여야 한다.

둘째, 아침에 일어나면 30분 이상 몸 푸는 운동부터 시작하여 맨손체조, 조깅 등 각자의 체질에 맞게 운동을 하여야 한다.

셋째, 마음의 평온 상태를 유지하도록 힘써야 한다.

우리는 일상생활에서 정신 작용이 미묘하고도 긴밀하게 육체를 변화시키는 것을 알 수 있다.

미국인 엘마 게이츠가 이에 관해서 많은 실험을 하였다.

인간이 호흡하는 숨을 유리관을 통해 액체공기로 냉각하면 침전물이 생긴다. 그런데 놀랍게도 그 침전물의 색깔이 호흡하는 인간의 감정에 따라 다르다는 결과가 나왔다.

화를 내고 있으면 밤색, 고통이나 비애를 느낄 때는 회색, 후회 때문에 마음의 가책을 느낄 때는 분홍색의 침전물이 생겼다. 그리고 화를 낼 때 생겼던 밤색의 침전물을 쥐에게 주사하자 몇 분 내에 죽음에 이르렀다고 한다.

즉 화를 냄으로써 체내에 독소가 생긴다는 말이다.

한 사람이 한 시간 동안 계속 화를 내고 있으면 쥐 80마리를 죽일 만큼의 독이 생긴다고 한다.

당신도 화를 낼 때마다 당신의 몸을 해치는 독(毒)을 만들어 내고 있다는 사실을 기억해야 한다.

가끔씩 신앙에 의해 병이 나았다거나 건강해졌다는 말을 들은 적이 있을 것이다.

이것은 거의 모든 종교에서 말하는 "모든 것에 감사하라"는 말을 몸소 느끼면서 실천한 경우에 많이 발생된다. 이러한 감사한 마음은 나쁜 병원균을 먹어 치우고 노폐물을 밖으로 배출하는 역할을 한다.

넷째, 각자의 타고난 체질에 따라서 자기에게 맞는 음식을 먹어야 한다.

대개 용신(用神)에 따라서 음식물을 섭취해야 하는데 금수쌍청

(金水雙淸) 같은 특수의 종격(從格)은 금수(金水) 운이 들어오면 재수가 있고 돈은 버나, 건강은 목화(木火)가 필요하기 때문에 목화에 해당되는 음식물을 섭취해야 한다. 그런 이유 때문에 이런 경우에는 꼭 용신을 따라가지는 않는다.

앞에서 이야기한 4가지의 원칙만 지켜 나간다면 스스로 자기의 병을 고칠 수가 있다. 또한 예방의학도 되기 때문에 앞으로 닥칠 병에 대해서 걱정하지 않아도 된다.

다음으로 체질에 따른 음식물을 나열하니, 각자의 체질에 맞게 잘 섭취해서 좋은 건강을 유지하기 바란다.

▣ 간 · 담에 영양을 주는 식품

목(木)이 필요한 사람

귀리, 메밀, 보리, 밀, 강낭콩, 동부(콩과 식물), 완두콩,
꽈리, 부추, 신 김치, 신 동치미, 깻잎, 싱아, 개고기, 닭고기, 계란,
메추리, 동물의 간, 쓸개, 땅콩, 들깨, 참깨, 잣, 호두,
식초, 건포도, 귤, 딸기, 포도, 모과, 사과, 앵두, 유자, 매실,
참기름, 들기름, 들깨차, 땅콩차, 유자차, 오미자,
사이다, 오렌지

▣ 심장 · 소장에 영양을 주는 식품

화(火)가 필요한 사람

수수, 풋고추, 근대, 냉이, 상추, 쑥갓, 셀러리, 씀바귀,
산나물, 쑥, 취나물, 영지, 익모초,
염소고기, 참새, 칠면조, 메뚜기, 염통, 선지, 곱창,
술, 짜장, 면실유, 더덕, 도라지, 살구, 은행, 자몽, 해바라기씨,
홍차, 커피, 영지차, 쑥차, 작설차, 초콜릿

▣ 심포* · 삼초*에 영양을 주는 식품

화(火)가 필요한 사람

옥수수, 녹두, 메조, 감자, 오이, 당근, 가지, 양배추,
콩나물, 고사리, 우엉, 토란, 죽순, 우무, 아욱,
알로에, 송이버섯, 된장, 청국장, 토마토, 바나나,
양고기, 오리고기, 오리알, 꿩고기, 번데기, 생오징어,
도토리, 요구르트, 로열젤리, 화분,
코코아, 토마토케첩, 마요네즈, 콜라

※ 심포 : 심장의 바깥막
　삼초 : 인체의 수분 대사를 관장하는 기관

▣ 비(지라) · 위장에 영양을 주는 식품

토(土)가 필요한 사람

기장쌀, 핍쌀, 고구마, 호박, 대추, 미나리, 시금치, 마,
쇠고기, 토끼고기, 동물의 위장, 비장, 소 천엽,
참외, 감, 칡뿌리, 연근,
술, 설탕, 잼, 엿, 엿기름, 포도당, 식혜,
마가린, 우유, 버터, 인삼차, 칡차, 구기자차, 두충차, 대추차

▣ 폐·대장에 영양을 주는 식품

금(金)이 필요한 사람

현미, 율무, 파, 마늘, 달래, 양파, 무, 배추, 양파, 무릇,
생강, 말고기, 고양이고기, 동물의 허파, 대장, 생선, 조개,
박하, 고추, 후추, 생강, 고추장, 겨자, 배, 복숭아,
생강차, 율무차, 수정과

▣ 신(콩팥)·방광에 영양을 주는 식품

수(水)가 필요한 사람

콩, 쥐눈이콩, 콩 떡잎, 마, 밤, 수박,
미역, 다시마, 해초류, 김, 파래, 소금, 된장,
돼지고기, 해삼, 동물의 생식기, 신장, 개구리, 지렁이, 굼벵이, 뱀,
새우젓, 명란젓, 조개젓,
두부, 간장, 두향차※, 두유

※ 두향차 : 흰콩과 대추를 섞어 끓인 차

나이가 들수록 덕담을 해야 건강이 좋아진다

　음덕양보(陰德陽報)라는 말이 있다.
　이 말은 남이 모르게 덕행(德行)을 쌓은 사람에게는 반드시 그 보답이 있음을 이르는 말이다.
　덕행을 쌓으려면 우선 시작을 덕담(德談)으로부터 해야 한다.
　남의 장점만을 골라서 그것이 그 사람의 전부인 양 이해하기 시작하면, 그때부터는 그 사람이 비판의 대상이 되지 아니하고 나하고 같이 세상을 살아가는 동반자의 입장이 된다.
　남의 잘못을 비판하지 않고 그것을 감싸 주고 대신 그 사람의 장점을 이야기한다고 하는 것은, 말로는 쉬우나 현실적으로는 쉽지 않다. 그것은 수양과 인내를 요구하기 때문에 보통 힘든 일이 아니다.
　남을 비판하는 일은 비판하는 데서 끝나는 것이 아니고 비난과 증오를 퍼붓는 사람의 건강이 나빠지기 때문에도 문제가 된다.

음덕은 남을 물질적으로 도와주는 것에만 해당된다고 생각하나, 내가 보기에는 남의 단점을 물고 늘어지지 않고 오히려 남을 칭찬함으로써 그 사람이 어려운 경지를 벗어나게 하는 것도 물질 못지않게 커다란 음덕이라고 생각된다.

남을 비판하거나 또는 증오하는 말을 하면 그 말을 하는 당사자의 건강이 나빠진다고 했는데 그 유형은 2가지로 구별할 수 있다.

첫째는 자기가 내보낸 비판이나 증오나 악념이 상대방에게 도달한 뒤 그것이 되쏘여져 반대로 자기 자신의 신상에 작용되는 현상을 말한다.

이런 경우를 상념 회귀(想念回歸)라고 한다. 특정한 상대를 미워하는 발언이나 생각이 상대방에게 전달될 때 미워하는 발언이나 생각을 하는 사람보다 그 상대방이 육체적으로나 혹은 정신적으로 더 강한 경우 그것은 반사적으로 튕겨 나오게 되어 있다. 그 튕겨 나온 나쁜 기(氣)는 결국 나의 몸을 덮치기 시작한다.

옛날부터 '타인을 저주하거나 비판을 반복하면 구멍이 두 개'라는 말이 있는데, 이것은 무서운 진리이다.

여기서 구멍이란 무덤을 뜻한다. 타인을 저주하여 죽이려고 들면 자신도 그 대가를 치러야 하니까 장사를 지낼 무덤이 두 개 필요하다는 말이다.

이쯤에 이르고 보면 우리는 무엇보다 자기 자신의 건강을 지키기 위해서라도 항상 자기의 마음을 반성하고, 무의식중에라도 타인에게 나쁜 생각을 품지 않도록 해야 할 것이다.

자기 자신이 소중한 만큼 타인도 소중하게 여겨야 한다.

두 번째는 자신이 뿜어낸 나쁜 말이나 악념이 다른 이에게 작용하지 않고 자기에게 작용하여, 그 결과로 병이 나거나 사고와 재난을 당하게 되는 일이다. 이러한 상태를 가리켜 우리는 자념 장해(自念障害)라 부른다.

자념 장해란 극도의 불평불만이나 걱정 또는 슬픔이 마음에서 떠나지 않게 되어, 그 결과 신체의 각 부위에 부조화가 나타나고 때로는 갖가지 나쁜 현상을 일으키는 상태를 말한다.

그러므로 자념 장해는 일반적으로 볼 때 무슨 일이든 주저하거나 내성적인 사람에게 많이 나타난다고 하겠다.

이러한 비난이나 증오는 그것을 행하는 사람의 누뇌에 입력되어 그대로 잠재의식으로 남게 되는데, 당신이 타인을 부정하고 비난하면 잠재의식도 당신을 부정하고 받아들이지 않게 되는 것이다.

예를 들면 타인의 부나 건강을 질투하는 한 부나 건강은 당신에게 흘러 들어오지 않고 흘러 나가게 된다.

대부분의 사람들이 인간은 육체와 두뇌 그리고 마음의 3요소로 성립된다고 말하고 있다. 자념 장해인 경우에는 자기의 마음속에 극도의 불만이나 슬픈 기분이 가득 차서, 그 때문에 마음이 밖으로 향하지 못하는 데서 시작된다. 그러한 상태가 되고 나면 마음이 정상적으로 기능하지 못한다.

육체와 두뇌를 통치하는 마음 본래의 작용이 정지되었기 때문에 육체, 두뇌, 마음의 균형이 흐트러지는 것이다. 그로 인해 신체의 어딘가에 불균형한 현상이 생기거나 신경질이 펄펄 나게 된다.

이와 같이 남을 미워하는 마음을 갖고 있거나, 남의 단점만을 들춰내서 비판하면 결국은 비판한 사람의 건강이 나빠진다. 비판하거나 미워하는 감정은 비판하는 사람의 두뇌에 그대로 입력이 되기 때문에 이것이 습관화되면 사고방식이 긍정적으로 되지 아니하고 부정적으로 되어 가고 만다.

따라서 부정적인 사고는 모든 사물을 비뚤어지게 바라보게 함으로써 남이 자기한테 진심으로 잘해 주어도 그것을 고맙게 생각하지 않고 편견으로 받아들이게 된다.

인간의 마음은 렌즈와 같다.

렌즈는 빛을 굴절시키는 성질이 있는데, 부정적인 사고방식이 마음에 가득 차 있을 때는 상대방이 말하는 것을 뒤틀어서 해석하게 되니 세상의 모든 것이 고깝게 들리고 푸른 하늘도 꺼멓게 보인다.

이런 부정적인 사고방식이 계속되면 남을 이해하고 용서하는 마음은 줄어드는 대신, 남을 비판하고 증오하는 마음이 늘어나므로 결국은 뒤틀림의 악순환이 계속될 수밖에 없다.

많은 사람을 정신적으로나 물질적으로 빈곤하게 하는 것이 바로 남을 질투하거나 증오하는 감정이다.

예를 들어 자기의 친지가 많은 돈을 예금하는 것을 보고 돈이 없는 사람이 갖는 감정은 질투와 비난이다. 이러한 질투와 비난이 계속되는 한 부자도 될 수 없고 건강도 좋아지지 않는다.

자기가 가난할 때나 형편이 곤란할 때에 많은 돈을 가지고 있는 사람이나 성공하는 사람을 보면 질투하는 것은 인지상정이다.

하지만 질투하는 것, 비난하는 것은 부(富) 그 자체 또는 행운 그 자체에 대하여 부정적인 감정을 갖는 것이 된다. 그것이 잠재의식에 새겨져 당신 자신을 부나 행운으로부터 멀리 떼어 놓는 결과가 되는 것이다.

건강도 마찬가지이다. 남을 저주하고 미워하면 몸 안에서 아드레날린이 발생되어 건강이 나빠지게 된다.

그러면 이런 경우에 어떻게 해야 좋은지를 같이 생각해 보도록 하자.

우선 비난 대신 상대방의 장점을 끄집어내어 칭찬해 주도록 한다. 상대방이 출세하면 그것을 진심으로 축복해 주는 일이다.

누가 많은 돈을 벌었다고 할 때 질투심이 일어나려고 하면 곧 그와 그의 부(富)에 축복 있으라고 계속 마음속으로 바라고, 실제로 여러 사람한테도 그의 성공을 축하해 주는 일이 필요하다.

그러면 당신의 의식하는 마음이 부나 행운을 긍정하는 것이 되고 이것이 잠재의식에 받아들여져 당신에게 부나 행운, 건강을 가져다준다.

축복만으로 부족하다고 생각되는 사람은 타인을 위하여 기도를 하여도 좋다. 기도할 때는 스크린에 그 상대의 성공한 모습, 환하게 웃는 모습을 상상하면서 기도해야 한다. 그러면 어느 사이에 성공한 그의 모습이 나의 모습으로 점차로 바뀌어 가기 시작한다. 이것은 바로 모든 것을 긍정적으로 받아들였다는 뜻도 된다.

2010년도 2월에 어느 회사의 사장이 찾아온 일이 있다. 우선 그의 사주를 보니 신왕재왕(身旺財旺) 사주로서 대운도 20년 정도 들어와 있었다. 실제로 사업도 어느 정도 성공했고 건강도 좋은 것으로 판단되었다. 그런데 의외로 물질적으로는 성공했지만 건강이 안 좋다는 것이었다.

목(木)이 피상이 됐다고 하더라도 그 정도 가지고는 그렇게 간이 나빠지거나 피곤을 느끼리라고는 생각지 못했는데, 의외로 피곤하다고 하소연을 하였다.

여러 가지를 확인해 보아도 더 이상 흠잡을 데가 없었다.

그래서 마지막으로 누구를 극도로 미워한 적이 있느냐고 질문해 봤다.

그러자 자기와 동업하는 친구가 있는데 꼴도 보기 싫고 그 친구하고 있으면 하루를 견디기가 어렵다고 하소연하면서 입에 담지 못할 욕을 막 하는 것이었다.

나는 즉각적으로 '아! 바로 이거다' 싶었다.

이 사람은 운이 나빠서 건강이 나빠진 경우가 아니고 누군가를 극도로 미워하는 감정 때문에 그것이 가슴의 한이 되어 울화병이 생기기 시작한 것이다.

　울화병이 생기면 몸의 모든 기관이 폐쇄되어 고유의 기능으로부터 방해를 받는다.

　누구든지 극도로 화를 내게 되면 조그만 솜털까지도 꼿꼿이 서게 된다. 극도로 긴장이 되기 때문에 모든 육체의 내부 기관이 굳어지고 만다.

　일상생활에서도 느끼지만 다리 한쪽이 뻣뻣하게 굳어지면 우리는 견디지 못하고 고통스러워 하는데 하물며 전체의 기관이 경직된다면 어떻게 되겠는가?

　급성으로 경직된 것은 병원으로 바로 직행할 수가 있지만 이렇게 울화병으로 굳어지는 것은 자기도 모르는 사이에 하루하루 근육이 굳어지기 때문에 나중에 아프기 시작할 때는 고치기가 어렵게 된다.

　나는 다음과 같이 이야기의 서두를 꺼내기 시작했다.

　"당신이 이렇게 몸이 아픈 것은 하늘이 또는 우주가 당신의 건강을 나쁘게 만든 것이 아니고, 당신 스스로가 자초한 것입니다. 그러니 당신 자신이 스스로 풀지 않으면 안 됩니다.

　인간의 병 중에는 우주에서 내려온, 다시 말하면 운명적으로 풀어야 할 숙명적인 병이 있고 또 다른 경우는 인간 스스로가 처세를 잘못한다든지 또는 인간 관리를 잘못해서 오는 병이 있습니다. 당신의 경우는 인간관계를 잘못해서 온 병이니, 당신 스스로가 인간

관계를 재정립함으로써 풀어야 합니다."

내가 이야기를 끝내자 그 사장은 고통스러운 표정을 지으면서 어떻게 하면 이 문제를 해결할 수 있겠느냐고 진지하게 문의해 왔다.

나는 혹시 살고 있는 집 근처에 등산할 수 있는 조그마한 산이라도 있느냐고 물었다. 다행히도 집이 관악산 밑이어서 아침에 30분 정도 등산하면서 아침 운동을 한다는 것이었다.

나는 그 사장에게 등산하면서 호젓한 길을 걸어갈 때 계속해서 그 친구의 이름을 부르면서 그 친구를 사랑한다고 하루에 100번 말하기부터 시작하도록 했다. 그렇게 해서 친구를 사랑한다는 말 100번이 쉽게 나오면 하루에 120번을 시행하고, 200번까지 도달하면 더 이상 횟수를 늘리지는 말고 그대로 200번으로 고정해서 계속 시행하도록 말씀을 드렸다.

200번의 숫자는 그의 사주의 용신과 맞춘 것이다. 그로부터 한 달 후에 전화가 왔다.

동업한 친구하고 사이가 조금씩 좋아지기 시작한다는 것이었다.

나는 한 달 후에 다시 나한테 오도록 하고 통화를 끝냈다. 한 달 후에 그 사장이 왔는데 얼굴에 혈색이 돌고 이마에서는 광(光)이 나고 있었다.

나는 이번에는 다른 방법을 제시했다.

아침 운동을 끝내고 사람이 오지 않는 호젓한 곳에서 동업자인 그 친구를 위해서 기도를 하도록 조언했다.

기도하면서 활발하고 친절한 친구의 모습을 스크린에 넣어 상상하면서 계속 기도를 하도록 말씀드렸다.

그로부터 한 달이 지나 나에게 왔을 때는 얼굴이 완전히 딴 사람이 되어 있었다. 그 사장은 이렇게 좋은 세상이 있었느냐고 거꾸로 나한테 질문하는 것이었다.

그렇다. 똑같은 세상인데도 나의 마음이 어디로 향하고 있는가에 따라서 그토록 세상의 모습은 달라진다.

세상에 가장 어려운 것이 자기의 마음을 다스리는 일이다. 누구든지 완전히 자기의 마음을 다스리면 그때는 득도한 거나 다름없다고 나는 본다.

나의 주위에서, 나의 장점만을 꺼내서 덕담을 하는 싱싱하고도 따뜻한 마음을 가진 사람이 나한테 접근해 오면 누구든지 자신도 모르는 사이에 마음이 부드러워지고 봄의 훈기 같은 것을 느끼게 된다.

누구든지 주위에 이런 사람이 한 사람만 있어도 그 친구로 인해서 나 자신은 한결 명랑해지고 일에도 능률이 오르게 된다.

누구든지 이러한 리듬을 발산하는 사람이 되도록 노력할 필요가 있다.

우리들이 마음을 다해서 명랑하고 성실하고 착한 리듬을 발산하는 사람이 되고 싶다면 항상 마음을 평화롭고 명랑하게 갖는 동시에 미움이나 노여움, 의구심이나 공포의 리듬을 마음속에 수용하지 않도록 해야 한다.

마음의 리듬은 습관성을 갖고 있다.

특히 우리 자신의 내부 깊숙한 곳에 숨어 있는 마음은 습관에 따라 항상 일정한 리듬을 발산하면서 그것을 상대에 대한 인격의 향기로 발산하고 있다.

즉 습관의 향기가 발산되는 것이 바로 인격이라고 설명된다.

그러므로 이 습관의 마음이 건강을 유도하도록 해야 하며, 사랑과 조화를 발산하도록 해야 한다.

만일 우리가 평상시에 덕담을 하지 아니하고 친구들에 대해 비판이나 욕만 계속한다면 이러한 나쁜 기운은 그대로 뇌에 입력되어, 본인 자신의 건강을 해칠 뿐 아니라 행복으로 가는 진로마저 방해하게 된다.

만일 우리가 항상 의심과 망설임, 실망과 좌절, 패배감을 마음속에 가지고 있으면 자기 자신으로부터 흘러나오는 어둠과 실망, 우울, 낭패의 모습으로 외부에 비치게 될 것이다.

생각은 앞으로 다가올 사태의 씨앗이라고 나는 말하고 싶다.

사람의 인격에 대해서도 끊임없이 뿌려지는 씨는 언젠가는 뿌리를 내려 싹이 나오고, 결국 열매를 맺게 되는 것이다.

타인을 이해하도록 애를 써야지 비판하는 쪽으로 치우친다면 나쁜 열매가 당신의 마음속에 자리잡게 된다.

따라서 여러분은 언제 어느 때고 마음의 창문을 활짝 열어젖히고 착한 마음, 사랑의 마음, 관대한 마음을 수용하고 모든 사람을 그렇게 대하도록 노력해야 한다.

그렇게 노력하는 가운데 언젠가는 기쁨과 즐거움의 씨가 뿌리를 내리고 사회적으로 풍성한 열매를 맺을 수 있게 되는 것이다.

이렇게 훌륭한 씨를 뿌리는 작업은 어디에서 출발해야 하는가?

그것은 바로 상대방의 장점을 들춰내 덕담을 하는 것으로 시작해야 한다.

덕담을 하면 그것을 듣는 상대방은 기분이 좋아져서 내가 왜 과거에 그 친구를 잘못 대했는지 후회하게 된다.

그럼으로써 어제까지의 적이 동지로 돌변하게 되어 주위의 적이 다 사라진다.

그 대신 기쁨과 환희의 보답이 따라 들어온다. 이런 상황에서 건강은 자연히 좋아질 수밖에 없다.